Odette et Guy

Merci beaucoup
pour votre écoute

Bonne lecture !

L'angle de l'Anglo

Catalogage avant publication de Bibliothèque et Archives nationales du Québec et Bibliothèque et Archives Canada

Hall, Christopher (Humoriste)

    L'angle de l'Anglo

    (Collection Humour)

    ISBN 978-2-7640-2142-2

    1. Humour québécois. I. Titre. II. Collection : Collection Humour (Éditions Québec-Livres).

PS8615.A391A65 2013   C848'.602   C2013-941613-7
PS9615.A391A65 2013

© 2013, Les Éditions Québec-Livres
Groupe Librex inc.
Une société de Québecor Média
1055, boul. René-Lévesque Est, bureau 201
Montréal (Québec) H2L 4S5
Tél. : 514 270-1746

Dépôt légal : 2013
Bibliothèque et Archives nationales du Québec

Pour en savoir davantage sur nos publications,
visitez notre site : **www.quebec-livres.com**

Éditeur : Jacques Simard
Conception de la couverture : Bernard Langlois
Photo de l'auteur : Maxime Tremblay
Conception graphique : Sandra Laforest
Infographie : Claude Bergeron

Imprimé au Canada

Gouvernement du Québec – Programme de crédit d'impôt pour l'édition de livres – Gestion SODEC.

L'Éditeur bénéficie du soutien de la Société de développement des entreprises culturelles du Québec pour son programme d'édition.

Nous reconnaissons l'aide financière du gouvernement du Canada par l'entremise du Fonds du livre du Canada pour nos activités d'édition.

DISTRIBUTEURS
EXCLUSIFS :

• Pour le Canada et les États-Unis :
  MESSAGERIES ADP*
  2315, rue de la Province
  Longueuil, Québec J4G 1G4
  Tél. : (450) 640-1237
  Télécopieur : (450) 674-6237
  * une division du Groupe Sogides inc.,
  filiale du Groupe Livre Québecor Média inc.

• Pour la France et les autres pays :
  INTERFORUM editis
  Immeuble Paryseine, 3, Allée de la Seine
  94854 Ivry CEDEX
  Tél. : 33 (0) 4 49 59 11 56/91
  Télécopieur : 33 (0) 1 49 59 11 33

  **Service commande France
  Métropolitaine**
  Tél. : 33 (0) 2 38 32 71 00
  Télécopieur : 33 (0) 2 38 32 71 28
  Internet : www.interforum.fr

  **Service commandes Export –
  DOM-TOM**
  Télécopieur : 33 (0) 2 38 32 78 86
  Internet : www.interforum.fr
  Courriel : cdes-export@interforum.fr

• Pour la Suisse :
  INTERFORUM editis SUISSE
  Case postale 69 – CH 1701 Fribourg
  – Suisse
  Tél. : 41 (0) 26 460 80 60
  Télécopieur : 41 (0) 26 460 80 68
  Internet : www.interforumsuisse.ch
  Courriel : office@interforumsuisse.ch

  Distributeur : OLF S.A.
  ZI. 3, Corminboeuf
  Case postale 1061 – CH 1701 Fribourg
  – Suisse

  Commandes : Tél. : 41 (0) 26 467 53 33
  Télécopieur : 41 (0) 26 467 54 66
  Internet : www.olf.ch
  Courriel : information@olf.ch

• Pour la Belgique et le Luxembourg :
  INTERFORUM BENELUX S.A.
  Fond Jean-Pâques, 6
  B-1348 Louvain-La-Neuve
  Tél. : 00 32 10 42 03 20
  Télécopieur : 00 32 10 41 20 24

Christopher Hall

Avec la collaboration de Luc Boily

L'angle de l'Anglo

CHRONIQUES HUMORISTIQUES

LES ÉDITIONS
Québec-Livres

Une société de Québecor Média

Dédicace

Je dédie ce livre à mes parents, Rhoda et Douglas. En 1966, ils fondaient, avec d'autres parents, l'École française de Saskatoon pour que leurs enfants aient accès à la richesse de la langue française. C'est grâce à eux si je peux bâtir des ponts entre les deux solitudes.

Préface

Je me sens particulièrement choyé d'avoir eu le privilège de m'exprimer toutes les semaines dans la rubrique Opinion du *Journal de Montréal* et du *Journal de Québec* pendant cinq ans. Je n'ai pas seulement profité d'une vitrine afin d'y exprimer mes idées sur les sujets de mon choix, mais j'ai également développé une complicité avec les lecteurs et les lectrices de ces deux publications.

Habituellement, une préface est écrite par une personnalité connue qui vante les mérites de l'auteur. J'ai préféré donner la parole à ceux et à celles qui ne me connaissaient pas personnellement, mais qui ont appris à me connaître par mes chroniques.

Comme je recevais des commentaires chaque semaine, mes lecteurs ont fait en sorte que mes monologues transcrits dans un journal se transforment en dialogues. Merci à vous, chers lecteurs !

Mais avant de leur laisser la parole pour cette préface, je voudrais remercier mon collaborateur de toujours, Luc Boily, pour son aide dans l'écriture de ces chroniques.

•••••••••••••••••••••••••••••••••••••

Monsieur Hall,

Ce que j'aime de vos chroniques, c'est que vous réussis-
sez à nous amuser sans jamais être méchant ou vulgaire.
C'est intelligent, rafraîchissant et assez unique. Merci!
Continuez!

Catherine

•••••••••••••••••••••••••••••••••••••

•••••••••••••••••••••••••••••••••••••

Il y a longtemps que je veux vous exprimer mon admiration
pour votre chronique du vendredi que je ne manque jamais.
Vous êtes mon «Anglo» préféré, et même mon journaliste
«tout court» préféré. J'adore votre sens de l'humour et
vous me faites bien rigoler. J'aime la façon détendue avec
laquelle vous abordez vos sujets; vous ne vous prenez pas
au sérieux et c'est relaxant. Mais souvent, sans en avoir
l'air, vous faites mouche.

Lise

•••••••••••••••••••••••••••••••••••••

•••••••••••••••••••••••••••••••••••••

Bravo!

J'adore votre humour, je dois dire que je suis abonné au
Journal de Montréal uniquement pour avoir le plaisir de
vous lire... pas assez souvent à mon goût. En ce qui me
concerne, les minutes de plaisir que me procure la lecture
de vos articles devraient se répéter tous les jours.

Jean

•••••••••••••••••••••••••••••••••••••

● ●

Je lis religieusement vos articles et j'ai toujours un immense plaisir à vous lire. J'aime votre audace, votre franchise et, surtout, votre sens de l'humour... unique!

Richard

● ●

● ●

Cher Christopher,

Tu es mon meilleur! (Je te tutoie, les anglophones le font tous, alors...) Je me sens égal à égal avec toi!

Cet article que tu as pondu est extraordinaire et criant de vérité!

As-tu pensé le traduire en anglais et le faire publier au Globe and Mail?

Tout y est! Christopher, I love you...

Suzanne*

(*Inquiète-toi pas, chérie, il n'y a pas de danger. Suzanne est grand-mère. CH)

● ●

● ●

Bonjour,

Merci pour vos belles remarques pleines de pertinence et pour votre humour mordant!

Florence

● ●

● ●

Monsieur Hall,

C'est la deuxième fois que je vous écris. Comment vous exprimer ma gratitude de francophone à l'égard de votre pensée? Le gouvernement du Québec devrait vous engager pour faire comprendre au Canada anglais la position du Québec. Vous la décrivez très bien!

Mathieu

● ●

● ●

Bonjour monsieur Hall,

Je tenais seulement à vous dire que vos chroniques apportent toujours un bon vent de fraîcheur même en hiver! J'adore lire vos chroniques pleines de subtilités.

Karyne

● ●

● ●

Bonjour monsieur Hall,

J'adore déjeuner en votre compagnie ou tout au moins en lisant votre chronique. Encore ce matin, comme chaque fois, vos propos favorisent grandement le départ de ma journée sur un bon pied... Merci.

Odette

● ●

Préliminaires

Pour le premier chapitre de ce recueil, j'ai pensé vous offrir un petit avant-goût des différents types de chroniques. En quelque sorte, des préliminaires, dans le but avoué de vous mettre mes mots à la bouche ! Et comme je ne voudrais pas perpétuer la réputation de l'homme pressé d'en finir avec les préliminaires, les miennes dureront huit chroniques. Cette fois, afin de ne pas toujours taper sur le même point..., j'aborderai des sujets aussi variés que la technologie, la politique, la société... et le *et cetera*.

On veut tout savoir d'avance

On a eu la bonne nouvelle la semaine dernière : c'est une fille !

Elle mesure 8 pouces, tous ses organes semblent en parfait état, elle n'a pas de maladie apparente, elle a tous ses membres et elle pèse un magnifique 3 livres et quart. Vous allez dire que la petite est pas mal petite. C'est parce qu'elle n'est pas encore née.

Toute cette information me vient de l'échographie. Grâce à l'avancement de la technologie, on sait maintenant de plus en plus de choses d'avance.

Dans le passé, on aurait eu cette information sur ma fille seulement le jour de l'accouchement.

C'est sûr qu'on aurait pu demander à ma tante Huguette de faire tourner son aiguille au-dessus de ma main, mais avec son taux de succès de 50 %, aussi bien tirer à pile ou face.

Il est vrai que ces avancements technologiques ont de grands avantages. On peut détecter plus tôt plusieurs problèmes potentiels, et souvent apporter les correctifs nécessaires.

Mais avons-nous vraiment besoin d'une échographie 3D qui nous montre le portrait exact de notre rejeton, avec sa couleur de cheveux et l'emplacement de ses grains de beauté ?

Et il n'y a pas juste dans le domaine de la natalité qu'on veut tout savoir d'avance. En communication, par exemple : il est maintenant impossible de se passer de l'afficheur une fois que vous l'avez essayé.

C'est indispensable afin de vous préparer psychologiquement à recevoir un appel de la belle-mère, de la banque, de votre ex, de Revenu Canada, du beau-frère, de votre patron, de votre belle-mère qui se réessaye sur une autre ligne.

Bref, j'ai juste besoin d'un afficheur, pas d'un téléphone.

Un autre domaine où l'on sait ce qui va se produire, c'est l'environnement.

La grande majorité des scientifiques s'entendent pour dire que dans 50 ans toute la glace et toute la neige auront fondu, et qu'il y aura une importante hausse du niveau de la mer.

Mais en regardant notre manque de préparation face aux inondations de ce printemps, je doute que cette information sur le réchauffement de la planète nous soit utile.

Avec toutes les recherches dans le domaine médical, là aussi, on connaît l'avenir.

On sait presque à l'avance quand on va mourir et quel cancer va nous emporter.

Il y a même l'option de payer sa tombe à l'avance. Payez maintenant et mourez plus tard. C'est l'opposé de Brault et Martineau.

Le désir de connaître l'avenir ne date pas d'hier. Il y a d'autres techniques qui ont fait leurs preuves.

Mon oncle Michel disait toujours : «Mon genou me fait mal, il va pleuvoir après-midi.» Il ne se trompait jamais. Il n'était jamais dans l'erreur également lorsqu'il disait : «Quand Manon claque la porte d'entrée, le souper va goûter le brûlé.»

Et ça ne prend pas une technologie très sophistiquée pour dire que si Stéphane Dion reste chef de l'opposition, il n'y aura pas d'élections au fédéral.

Pour revenir à ma fille, on a profité du fait qu'on sait le sexe de l'enfant pour choisir son nom et la couleur de sa chambre.

Par contre, la technologie n'est pas en mesure de me donner la réponse à la question qui me préoccupe le plus : « Est-ce qu'Anne-Sophie va hériter du gène du magasinage de sa mère ? »

L'ultime aphrodisiaque

Cela fait des semaines qu'on nous bombarde avec le couple de l'heure : le président Sarkozy et la chanteuse et ex-mannequin Carla Bruni. Et à part une écœurantite aiguë du fait qu'on les voit partout et pour rien, je n'ai qu'une question : «Qu'est-ce qu'un pétard de niveau international comme elle peut bien trouver à ce pichou de 5 pieds 6 et trois quarts?» C'est l'attrait du pouvoir.

Si, au lieu d'être président de la République française, Sarkozy était gérant adjoint d'un magasin de chaussures, pensez-vous vraiment qu'il aurait une chance avec Carla?

Même en étant le plus beau vendeur de souliers du monde, le seul vêtement qu'il enlèverait à Carla, ce serait ses chaussures (pour lui en faire essayer une autre paire).

Je ne suis pas du genre à juger quelqu'un à son apparence, mais franchement, il y a des éléphants dans des films de Disney qui volent avec des oreilles plus petites que celles de Sarko. Et son attitude ne l'aide pas non plus.

Avec son sourire machiavélique, il ressemble au petit *nerd* qui savoure sa revanche après des années à se faire rentrer dans les casiers de vestiaire. Mais là, le *nerd* est devenu président. Alors, il récolte la plus belle fille.

Et Sarko n'est pas le premier à profiter de son statut comme pouvoir d'attraction. Pensons au prince Charles : n'eût été son statut de roi en *stand by*, Diana ne lui aurait même pas confié l'entretien de son cheval. Alors, imaginez-les dans un *speed dating* : Charles n'aurait pas duré 30 secondes.

Même scénario pour le prince Albert de Monaco. Sans son titre, c'est un grassouillet courtier d'assurances de Brossard avec un problème de jeu compulsif. Mais comme par enchantement de l'héritage, le petit crapaud devient charmant prince, les belles filles se bousculent pour l'embrasser.

Force est de constater que Henry Kissinger (secrétaire d'État sous Richard Nixon) avait raison quand il disait : « Le pouvoir, c'est l'ultime aphrodisiaque. » Et j'avoue que ça me surprend que nos politiciens n'en profitent pas pour attirer des starlettes. Ça ne pourrait que les aider.

Ce n'est pas un remaniement ministériel qui va faire remonter Jean Charest à sa prochaine chute de popularité (oui, oui, il va y en avoir d'autres), c'est une pitoune qu'il lui faut. Et il ne serait pas en manque de choix, avec toutes les « diplômées » d'*Occupation double* et de *Star Académie*. Désolé, Michou, mais en politique, tout est devenu une question d'image.

Stephen Harper aussi devrait en profiter. S'il veut vraiment faire une percée au Québec, il n'a pas le choix de quitter Mme Harper et se mettre à fréquenter une très jolie Québécoise. Michou sera bientôt disponible, et en habitant au 24 Sussex, ça lui ferait une belle revanche sur son ex.

Cette tactique s'applique également aux femmes. Mme Marois, vous êtes à 37 pieds de la chaise de première ministre. Tout ce qu'il vous manque, c'est un beau piton se tenant à votre bras tout au long de la prochaine campagne électorale. Bon, c'est sûr, je ne suis pas un pétard de niveau international, mais je suis un piton anglophone. Avec moi à vos côtés, je suis sûr qu'on pourrait même aller chercher Westmount ! Tu parles d'un geste de souveraineté !

SOS Terre

Depuis le tremblement de terre en Haïti[1] il y a plus de deux semaines, la solidarité mondiale a atteint un niveau sans précédent. Tout le monde se rallie derrière Haïti, et chacun fait ce qu'il peut. Les offres d'aide sont si nombreuses que l'aéroport de Port-au-Prince a plus de trafic que le pont Champlain à l'heure de pointe. Génial ! Mais pourquoi ça nous prend un désastre naturel pour avoir un élan de solidarité mondiale aussi puissant ?

L'entraide que nous observons actuellement à l'échelle planétaire me rappelle ce que nous vivons lors d'une tempête de neige. Nous devenons courtois, nous aidons les gens à pousser leur voiture, les personnes âgées à traverser la rue, nous embarquons trois ou quatre de nos voisins pour nous rendre travailler au centre-ville. Mais là encore, pourquoi attendre une tempête de neige pour agir ainsi ? Pourtant, on se sent tellement bien quand on aide son prochain. Et point n'est besoin d'attendre l'année d'après pour recevoir un reçu d'impôt, le sentiment de bien-être profond est immédiat.

Pensez à tous les Québécois partis donner un coup de main en Haïti. Je pense, entre autres, à ce groupe de médecins de Sherbrooke qui, de leur propre initiative, y sont allés. Ils ne se sont pas rendus là-bas parce qu'ils avaient été mobilisés par le ministère des Affaires extérieures, mais simplement parce qu'ils voulaient aider leur prochain. Cette expérience va non seulement leur permettre de sauver des vies, mais également changer la leur.

Imaginez si ce désir d'aider son prochain se propageait. Et que de plus en plus de gens prenaient goût à l'entraide. Nous n'aurions pas

---

1. Le 12 janvier 2010, un tremblement de terre d'une magnitude de 7,3 causait plus de 300 000 morts, autant de blessés et 1,2 million de sans-abris.

besoin d'attendre le prochain tsunami ou tremblement de terre, ou encore la simple tempête de neige pour faire du covoiturage ou pour aider Mme Cécile à traverser la rue.

Et nous sommes aussi bien de nous faire à l'idée, car la grande majorité des scientifiques s'accordent pour dire qu'étant donné le réchauffement climatique, nous connaîtrons une hausse des catastrophes dites «naturelles» dans les prochaines années. C'est-à-dire que nous subirons plus de tsunamis, plus d'ouragans et plus d'inondations, donc ça va nous prendre plus d'entraide.

Nos gouvernements ont également intérêt à développer leur capacité d'entraide. Parce que, pour l'instant, les pays occidentaux sont beaucoup plus efficaces à envahir des pays qu'à leur venir en aide. Inspirons-nous de Lester B. Pearson, initiateur en 1956 des Casques bleus, et créons les Casques verts. Pas vert camouflage, mais vert bac de recyclage ! Une force d'intervention qui serait extrêmement bien équipée et spécifiquement formée pour venir en aide aux populations en détresse. C'est bien d'envoyer des soldats en Haïti, mais ce n'est pas avec une mitraillette que tu soulèves une dalle de béton.

D'autant plus que le Canada est géographiquement choyé. Ce n'est pas nous qui subirons les pires catastrophes. Étant donné notre emplacement, nous serons largement épargnés de ces drames causés par dame Nature. Le pire qui nous arrivera, c'est que nous recevrons un petit peu plus de pluie en janvier, et peut-être du verglas de temps en temps.

Nous avons plus de terre arable, plus d'eau potable et plus d'air pur que la grande majorité des pays du monde. Il n'y a pas à dire, nous sommes des aidants... naturels.

Infirmières... super!

Finalement! Après des années de fixation sur la situation des médecins, on s'attarde enfin sur le sort de nos infirmières.

Pas besoin d'être un expert pour savoir que les infirmières et les infirmiers (je ne vous oublie pas, les *boys*, mais pour le reste de la chronique, laissons le féminin l'emporter sur le masculin!) sont la colonne vertébrale de notre système de santé. Que ce soit pour un accouchement, un bras cassé, un traitement de chimio ou une simple écharde dans un pied du plus jeune, ce sont les infirmières qui sont aux premières lignes. Elles ne sont peut-être pas omnipraticiennes, mais elles sont omniprésentes. Malgré des journées de travail interminables, elles sont toujours au combat... avec un sourire compatissant en boni. Et que reçoivent nos infirmières en retour? Des salaires indignes, des conditions de travail imposées par décrets et des heures supplémentaires obligatoires (mieux connues sous l'appellation TSO: temps supplémentaire obligatoire).

J'ai toujours cru que les heures supplémentaires étaient quelque chose qu'on choisissait de faire... pour se payer un voyage dans le Sud, une pension alimentaire ou des rénovations dans sa salle de bain (quoique pour ça, c'est le gros lot du 6/49 qu'il faut gagner!). Normalement, les heures supplémentaires devraient être à ta discrétion, tu devrais être en mesure de choisir entre rester au travail et faire huit heures de plus, ou aller chercher ton enfant à la garderie. Évidemment, n'importe qui choisirait son enfant. Eh bien, pour les infirmières, ce n'est pas le cas. On leur impose des heures supplémentaires afin que l'hôpital respecte le nombre minimum de personnes requises par le code déontologique, dont l'ultime responsabilité échoit aux infirmières. Ainsi, elles font régulièrement des quarts de travail de 12 heures, voire 16 heures.

Si ça continue, elles seront toutes à l'hôpital jour et nuit... mais sur une civière à l'urgence. Le métier d'infirmière est devenu un sport extrême!

Malgré cette situation de plus en plus ardue, nos infirmières continuent de nous soigner, inlassablement, comme des petits lapins roses Energizer. Et tout ça, avec professionnalisme, altruisme et un sourire communicatif.

Voilà qui pourrait bien inspirer nos médecins qui, trop souvent, agissent comme si tout leur était dû. Ils entrent dans la chambre comme des dieux en sarrau. Sans se présenter, sans sourire et souvent sans intérêt. Je ne dis pas que nos médecins sont désintéressés, mais ils nous font sentir trop souvent comme si nous étions inintéressants. Quand nos facultés de médecine offriront-elles un cours intitulé *Comportements en chambre de patient 101* et donné par une infirmière?

Malheureusement, leurs qualités si valorisées sont également leur plus gros handicap. Trop fines et trop gentilles, on tient nos infirmières pour acquises. Le sachant, le gouvernement peut se permettre de les négliger. De plus, sans nommer personne, je dirais qu'elles ont beaucoup moins de poids médiatique que les médecins. Et sachez, monsieur Charest, que, contrairement au dossier constitutionnel, «le fruit est mûr», et celui des infirmières est plus que mûr. D'ailleurs, vous devriez le cueillir avant qu'il pourrisse et vous empoisonne la vie. Je vous rappelle que 15 000 d'entre elles sont admissibles à la retraite. Après le TSO, peut-être songez-vous à imposer la NRO, la non-retraite obligatoire?

Je vous suggère plutôt, Monsieur le Premier Ministre, de nommer une infirmière comme ministre de la Santé. On a eu plusieurs médecins ministres sans que notre système de santé s'améliore. Pourquoi pas une infirmière ministre? Elle ne réglerait probablement pas tous les problèmes, mais au moins, ça nous ferait une ministre professionnelle, altruiste et souriante.

Annie et Annie

La semaine dernière, le Sénat américain rejetait, pour une durée indéfinie, l'examen de l'abrogation de la loi qui impose aux soldats de cacher leur orientation sexuelle. La fameuse loi, «*Don't ask don't tell*» (on ne vous le demande pas, ne nous en parlez pas), reste donc en vigueur. Cela démontre, une fois de plus, que les changements de mentalité sont toujours longs et ardus.

Il me semble qu'en 2010 l'orientation sexuelle ne devrait plus faire partie des préoccupations prétendument «médicales» de l'armée américaine. Je peux comprendre qu'on refuse un candidat parce qu'il est non voyant ou encore paraplégique. D'ailleurs, en ce sens, l'armée est conséquente, car une fois que le soldat se retrouve dans cet état, il est largué par celle-ci. Alors, de là à considérer les homosexuels comme des personnes handicapées, il n'y a qu'un pas à franchir que l'armée n'hésite pas à faire. Pourtant, ce n'est pas comme si les militaires homosexuels avaient des demandes capricieuses. Ils n'exigent pas d'uniforme rose, de bouffe particulière ou des douches à part... au contraire! Sérieusement, le critère de sélection le plus important devrait être la volonté d'un individu à mettre sa vie en danger pour défendre son pays... peu importe son orientation sexuelle.

En 2010, un individu devrait pouvoir afficher librement son orientation sexuelle. J'ai vécu un exemple parfait en fin de semaine dernière lorsque Annie et Annie ont uni leur destinée. Ce fut un mariage comme tous les autres: un échange de vœux touchants avec des larmes de joie, une pluie de confettis, une séance de photos interminable, des enfants hors de contrôle, des sandwichs pas de croûtes, des mononcles soûls... Bref, la seule différence avec un mariage traditionnel a été les petites figurines sur le gâteau.

Évidemment, comme il s'agissait d'un mariage gai, il y avait une présence accrue d'homosexuels. Cela dit, aucun d'eux n'a tenté de me convertir à sa cause. En revanche, il y avait là des «représentants» de bien d'autres groupes qui, eux, ont travaillé très fort pour que j'adhère à leur cause. Et c'est envers ces groupes que j'appliquerais la fameuse loi «*Don't ask don't tell*».

À commencer par les végétariens. Il n'y a rien de plus désagréable qu'un djihad végétarien devant un barbecue. Je suis content pour toi que tu tripes tofu aux fines herbes, mais ne me fais pas sentir coupable parce que je les mange sur un lit de *T-bones* ou que je les roule avant de les fumer.

Justement, les kamikazes de l'antitabac sont un autre groupe d'extrémistes difficile à sentir... ou à inhaler. Déjà que les lois antitabac sont si strictes qu'il est pratiquement impossible de fumer, même dans sa propre maison. Voilà qu'on te harcèle aussitôt que tu prends un briquet dans ta main : «Savais-tu, Christopher, qu'à chaque cigarette tu écourtes ta vie de 15 minutes?» Et moi de lui répondre : «Continue comme ça, et c'est ça qui va rester à ta vie... 15 minutes! Et de toute façon, regarde les p'tits bouts pointus, ce n'est même pas une cigarette! Maintenant, tasse-toi, je veux faire un *shotgun* de fines herbes avec la mère de la mariée!»

Je supporte très bien les opinions contraires aux miennes. D'ailleurs, je m'obstine très bien moi-même. Mais jamais je ne suis agressif, moralisateur ou culpabilisant. Alors, aux membres extrémistes de ces groupes, je dis : faites preuve de la même ouverture d'esprit que celle que vous exigez de nous. Il y a aussi l'option : «On ne vous le demande pas, alors SVP, ne nous en parlez pas.» Si les zélés chez les créationnistes, les témoins de Jéhovah, les membres pro-vie, etc., faisaient preuve d'autant d'ouverture que les deux Annie, le monde s'en porterait mieux.

Le mot magique 101

Comme j'ai deux jeunes enfants, je passe mes journées à répéter constamment *une* phrase: «C'est quoi, le mot magique?» Chez grand-maman, au magasin, durant les repas, à la garderie, au comptoir laitier! Malheureusement, le mot «merci» ne reste pas longtemps dans leur petite tête. C'est peut-être pour ça qu'on l'appelle le mot magique... il disparaît tout le temps.

Heureusement, tous les efforts, de ma douce et moi, à leur enseigner la bienséance ne sont pas vains. Et il est drôlement valorisant pour un parent d'entendre son enfant de trois ans dire spontanément: «S'il vous plaît!» Évidemment, il arrive qu'on doute de la sincérité de leurs intentions. L'autre soir, chez mes parents, mon fils de six ans nous a sorti une déclaration de remerciement digne d'une soirée de l'époque Louis XIV: «Chère grand-maman d'amour, merci! Ton cassoulet au canard laqué était tout simplement succulent. Maintenant, serait-il possible d'avoir un verre de lait, s'il te plaît... pour accompagner mon gâteau au chocolat?» Le p'tit ratoureux! Il savait très bien qu'en agissant de la sorte il aurait une portion de gâteau de lutteur sumo. C'est ainsi que souvent le mot *magique* devient le mot *stratégique*.

Mais, la plupart du temps, nos enfants utilisent les mots magiques comme il se doit. Par contre, leur utilisation ne semble pas être acquise pour toujours. J'ignore à quel moment exactement cela se produit, mais quelque part entre 8 et 18 ans, les mots magiques disparaissent définitivement. Il est vrai qu'à l'adolescence tout effort semble surhumain, et le fait d'articuler distinctement deux syllabes représente un exploit rarissime. Toutefois, à l'âge adulte, le disque dur de la politesse semble bel et bien effacé. Nombreux sont les adultes à qui j'ai envie de dire: «Et le mot magique, lui?» Parce que, contrairement au vélo dont on dit: «Ça ne se perd pas. Une fois que tu le sais, c'est pour toujours», les mots magiques ne reviennent jamais.

Certes, j'exagère un peu, nous disons tous les mots magiques de temps à autre. Mais, trop souvent, ça sera pour une utilisation stratégique plutôt que magique : «Merci, chérie ! Ton baloney était succulent ! Maintenant, est-ce que tu veux que je te serve ton dessert tout de suite, ou plus tard quand les enfants seront couchés ? S'il te plaît !» Il serait donc agréable d'entendre plus souvent ces mots dans notre quotidien.

Combien de fois me suis-je retenu de dire à mon voisin de table au restaurant : «J'aimerais vous rappeler que Johanne ici, c'est votre serveuse, pas votre servante !» Même là, ce n'est pas justifié. Ce n'est pas parce que Jerry est en dessous de vous dans la hiérarchie de l'entreprise que vous êtes exempté de le remercier. En fait, trop souvent, les seules fois que les employés sont remerciés, c'est quand ils sont mis à la porte.

De loin l'endroit le plus désertique en matière de mots magiques, c'est sur nos routes. On y fait tout le contraire de ce qu'on enseigne à nos enfants. Au lieu de «S'il vous plaît», on coupe ; au lieu de «Merci», on accélère. Et ne me dites pas qu'il est impossible de communiquer d'une voiture à l'autre. Imaginez la surprise et la joie de la personne dans l'autre véhicule si, au lieu de lui faire un doigt d'honneur, vous lui faisiez un sourire et un signe de la main l'invitant à passer devant vous. Je vous garantis qu'avec plus d'amabilité sur nos routes nous aurions moins d'agressivité. Et si nous nous comportons de façon magique, nos enfants n'oublieront peut-être pas. Essayez-le pour voir... s'il vous plaît !

Hommes vs femmes

La différence entre les hommes et les femmes est une source de discussion intarissable. Les hommes en parlent entre eux, les femmes jasent entre elles, et un grand nombre d'humoristes en ont fait leur principale source d'inspiration. Même les scientifiques s'y attardent. Pourquoi pas moi?

Une récente étude américaine, parue sur le site LiveScience.com, confirme une fois de plus l'existence de différences entre les hommes et les femmes. Celle-ci s'attarde particulièrement sur les spécificités de fonctionnement du cerveau masculin et féminin (c'est fou ce qu'un petit chromosome X peut faire comme différence). Mais inutile d'étudier en neurologie pendant 15 ans pour savoir que le cerveau des femmes est différent. J'ai compris cela en 15 minutes le soir de mon bal de fin d'études. Après trois danses et deux verres de punch, Cindy et moi avions assez échangé pour comprendre que nous avions une compréhension diamétralement opposée du mot «amour». Tandis qu'elle l'accordait avec le verbe être, moi c'était avec le verbe faire... et idéalement dans un futur rapproché.

C'est pour cela que je suis surpris de voir que nous nous acharnions (scientifiques inclus) encore à trouver des différences entre les deux sexes. Cette étude nous «dévoile», entre autres, que le cycle menstruel de la femme produit un effet important sur les taux d'hormones présents dans son corps et son cerveau. Quelle surprise! Quel gars n'a pas déjà subi les foudres de sa douce au cours de cette période maussade mensuelle. Il existe même une application iPhone avertissant l'homme du début imminent de ce que j'appelle la période des questions: «Où c'est que t'étais? Ça fait deux minutes que je poireaute à t'attendre!», «Comment ça, six sucres dans mon café, c'est trop?! J'ai ben le droit, je suis une femme libre! Arrête de m'opprimer!» et le classique «Quand tu dis que tu m'aimes à la folie, veux-tu insinuer par là que je suis folle?».

Vous aurez compris que si j'illustre nos différences par ces exemples caricaturaux, ce n'est que pour des raisons humoristiques. Nous savons bien que nous sommes différents. Et c'est cela qui rend nos existences plus riches. Notre erreur, c'est de s'échiner à faire disparaître ce qui nous différencie. Comprenez-moi bien, je suis à 110 % pour l'égalité entre les deux sexes. Mais nous sommes différents! Attardons-nous plutôt à mieux connaître et comprendre l'autre sexe afin de mieux se compléter l'un et l'autre.

C'est bien connu, les gars ont un meilleur sens de l'orientation et les filles, une meilleure intuition. Alors, si en route vers un *party* le gars dit: «Il faut prendre la sortie 144, puis suivre la 116 Ouest», faites-lui confiance. En revanche, si la fille dit: «Nââann, je ne le sens pas! J'ai un *feeling* que ça va mal virer, ce party-là!» faites-lui confiance, enregistrez-vous au premier motel que vous croiserez, puis donnez-vous la soirée pour vider le minibar et tester chaque ressort du matelas.

Et je parle par expérience. Oui, vider un minibar, c'est cher, mais mon ami Luc m'a confirmé que non seulement deux de mes ex étaient au *party* en question, mais qu'elles étaient toutes les deux soûles et trop bavardes. Je n'aurais pas voulu que ma blonde découvre que c'est grâce à mes expériences antérieures et non grâce à mon sens d'orientation si j'ai trouvé le motel aussi rapidement.

Bref, au lieu de tenter d'être l'égal de l'autre, essayons plutôt d'être le complément de l'autre. Cela vous donnera une relation... sans égale.

English 101

Le débat sur la langue refuse de mourir. Je n'ai pas commenté au départ car, en tant qu'anglophone, j'avais décidé de «me garder une p'tite gêne». Mais quand je vois comment la situation évolue, je ne peux m'empêcher de déclarer que c'est de votre faute!

Désolé pour ma franchise brutale, mais comment peut-on conclure autrement? De toute évidence, vous êtes gêné par votre langue. J'ignore si c'est un sentiment freudien relié à un complexe d'infériorité envers votre mère, dans ce cas-ci la France mère patrie. Mais vous semblez considérer la langue de Tremblay comme inférieure à celle de Molière, et parler une espèce de dialecte de colon bâtard indigne d'une langue officielle! Force est de constater que vous agissez comme si c'était le cas. Oubliez la loi 101, la loi 178 et le *bill* 22. Ce ne sont pas les lois qui feront en sorte que les gens vont respecter votre langue, mais la façon dont vous respectez votre propre langue.

Dès qu'on s'adresse à vous en anglais, vous *switchez* (je choisis ce mot-là pour être certain que vous compreniez). Même si la personne vous parle en français, aussitôt que vous repérez un soupçon d'accent d'ailleurs, vous *start speaking english*! J'ai même déjà vu un Montréalais se mettre à parler anglais après s'être fait poser une question par un visiteur de Joliette!

Et pourtant, il ne tient qu'à vous de faire respecter votre langue. Pas besoin d'être Guy A. Lepage et de menacer la Banque Nationale de retirer votre fortune. Il n'est pas nécessaire de posséder beaucoup d'avoirs pour... être. (Voyez-vous comme votre langue peut être belle?)

Et c'est facile d'être soi-même et de faire respecter sa langue. Chez le dépanneur, par exemple, quand on vous dit: «Eighteen ninety five for your beer!», répondez en français: «Alors, vous me dites que ma caisse de 12 me coûte 1,58 $?» en lui tendant une pièce de deux dollars. Vous allez voir qu'il ne vendra pas à perte longtemps, il se mettra à parler français... *subito presto*!

Il n'en revient qu'à vous. Arrêtez de vous en remettre au gouvernement pour qu'il vote des lois. C'est à vous d'imposer la loi de la majorité... pendant que vous l'êtes encore. Par contre, si vous ne voulez pas assumer votre langue, assumez que vous avez rendu les armes... et apprenez l'anglais. Et ne le faites pas à moitié! Apprenez le *vrai* anglais, celui d'Oxford, et vous aurez un anglais bien supérieur à celui de votre patron à la banque qui, lui, parle un jargon de Milwaukee.

Et si vous voulez vraiment vous ouvrir sur le monde, oubliez l'anglais, apprenez le cantonais ou le mandarin, les résultats seront immédiats... du moins chez le dépanneur.

Politique

La politique, l'un de mes sujets préférés! Comme disait l'humoriste américain Will Rogers: «C'est facile d'être humoriste quand tu as tout le gouvernement qui travaille pour toi!» Et il faut croire que les choses n'ont pas beaucoup changé, car Rogers disait cela dans les années 1920.

● ●

Bravo, Christopher!

Quel vent de fraîcheur tu nous apportes.

Je te remercie de faire le point en toute justesse.

La journée où tu te présenteras en politique pour devenir ministre de la Culture et de la Protection de la Charte de la langue française, je voterai pour toi.

René Lévesque t'aurait sûrement choisi pour faire partie de son cabinet.

Yves

● ●

Welcome Obama!

Chers voisins du Sud, félicitations! Vous avez fait le bon choix. Pour la première fois de votre histoire, vous portez au pouvoir un Noir. Vous avez mis de côté vos petites inquiétudes raciales pour faire avancer votre nation. Contre toute attente, vous avez opté pour les profonds changements proposés par Barack Obama. Eh bien, il était à peu près temps!

Votre pays existe depuis plus de 200 ans, les Noirs y sont présents depuis plus longtemps (bien malgré eux!) et ce n'est que maintenant que vous avez la décence d'élire un Noir comme président. C'est comme si, au Canada, on avait attendu le 14 octobre dernier pour élire le premier Canadien français comme premier ministre. Quoique si Stéphane Dion eût été notre premier premier ministre canadien-français, ça nous aurait pris plusieurs générations à nous en remettre.

Mais vous, les États-Uniens, vous semblez être très bien tombés. Vous avez choisi le Gregory Charles de la politique américaine. Barack ne peut probablement pas jouer deux pianos en même temps, chanter une obscure chansonnette du répertoire parisien des années 1930 et diriger une chorale de 300 orphelins, mais, sur la scène politique, il est tout aussi talentueux, voire virtuose.

Même si Obama est un leader exceptionnel, une période d'ajustement est inévitable. Alors, voici quelques conseils pour tout un chacun.

• Aux *Joe six packs* (Monsieur Tout-le-Monde). Parce que votre nouveau président est noir, ça ne veut pas dire qu'il faut commencer à faire des *high five* à tous les Noirs que vous croisez dans la rue. Par contre, vous pourriez peut-être commencer par les regarder dans les yeux quand vous leur serrez la main. Dans certains coins reculés du pays (par exemple, le Rang 6 à Cooperville, au Wyoming), il existe sûrement des individus qui n'ont jamais eu l'occasion de côtoyer un Noir. En fait, il y a de bonnes chances que ces personnes n'aient côtoyé que des membres de leur famille proche. Conseil : faites comme depuis les 200 dernières années, restez dans votre coin perdu.

- Aux Latinos. Comme vous êtes maintenant la deuxième ethnie la plus populeuse aux États-Unis, l'arrivée d'Obama devrait être annonciatrice de l'élection d'un Ramon Sanchez en 2016. Ça vous donne huit ans pour obtenir votre *green card*.

- Petite mise en garde pour les acteurs de la scène internationale. S'il y a un endroit où un petit faux pas peut engendrer un froid diplomatique coûteux, c'est bien une réunion du G8. Connaissant l'aptitude du président français Nicolas Sarkozy à se mettre les pieds dans les plats, je ne serais pas surpris de le voir arriver à la prochaine réunion du G8 avec une casquette de travers sur la tête, les pantalons aux genoux, un *ghetto blaster* à l'épaule et du *bling-bling* autour du cou en disant à Barack : «*What's up, Nigga ? Meet Carla, my bitch !*» Sur le plan international comme dans la vie, traiter les gens de façon différente, de façon trop révérencieuse comme de façon trop irrespectueuse, n'est qu'une preuve de nos préjugés.

- Mon dernier conseil s'adresse aux Afro-Américains. Ne partez pas en peur. Nous sommes très contents pour vous, et nous espérons que la présidence d'Obama sera effectivement porteuse de changements. Toutefois, n'allez pas penser que toutes les injustices vont disparaître du jour au lendemain. Après tout, Obama n'est pas juste noir, il est également à moitié blanc, mais d'abord et avant tout, c'est un politicien.

J'ai un rêve (« *I have a dream* »)

Lundi, les Américains célébraient l'anniversaire de naissance d'un de leurs plus grands héros, Martin Luther King, Jr. Depuis sa création en 1986, le Martin Luther King Day est l'un des jours fériés les plus importants du pays. Près de 50 ans après son fameux discours « *I have a dream* » (J'ai un rêve), où en sont rendus nos voisins du Sud dans l'accomplissement de ce rêve ?

Avec l'élection d'un premier président noir, on pourrait penser que le rêve de Martin Luther King, Jr. s'est enfin réalisé. Cependant, un an après avoir accédé à la présidence, on constate qu'aussi brillant et charismatique soit-il, un homme ne peut réaliser à lui seul un rêve de cette ampleur. Les rêves se font dans la solitude, mais ils ne se réalisent qu'en équipe.

Un président noir, c'est certainement un pas... un saut (!) dans la bonne direction, mais il est évident qu'il y a loin de la coupe aux lèvres. À titre d'exemple, le jour férié portant son nom, bien qu'introduit en 1986, n'a été célébré par l'ensemble des 50 États qu'en 2000. Jusque-là, plusieurs d'entre eux (surtout ceux du Sud des États-Unis) refusaient de le célébrer. Ils prenaient bel et bien une journée de congé, mais sous un autre nom, à l'instar de nombreux Québécois qui, pour des raisons d'oppressions colonialistes, fêtent les patriotes plutôt que la reine, ce que je comprends parfaitement, tout comme je comprends un fédéraliste convaincu de ne pas célébrer la journée des Patriotes. Toutefois, je ne m'explique pas qu'on refuse de célébrer un humaniste de la trempe de King.

Pourtant, aussi noble soit-il, le rêve de King n'est pas encore réalisé. Un survol des statistiques américaines suffit pour constater le décalage entre son rêve, qui date de 1963 (!), et la réalité. Il est vrai qu'en 50 ans bien des choses ont changé. Non seulement les Noirs peuvent s'asseoir

à l'avant dans l'autobus, ils peuvent même le conduire ! Les droits ci-
viques fondamentaux s'appliquent maintenant à l'ensemble de la population. Cependant, dans les faits, les Noirs sont encore sous-éduqués,
sous-payés et sous-représentés. Même si la plus haute fonction du pays
est occupée par un des leurs, la vaste majorité des Noirs ne connaîtront
que le premier barreau de l'échelle, au contraire de leurs concitoyens
blancs. Ainsi, encore aujourd'hui, même si les Noirs ne constituent que
13 % de la population américaine, ils représentent 54 % de la population carcérale. Quand tu pars dans la vie avec autant de handicaps, ce
n'est pas surprenant que tu sois plus vulnérable.

Bien que le racisme ne soit plus officiellement toléré, il est encore
présent. Mon ami Jeffrey, un Noir de l'Alabama, m'assure que lorsqu'il
marchait seul sur le trottoir et qu'il s'apprêtait à croiser un groupe de
Blancs, il préférait ne pas prendre de risque et changeait de côté. Mais
il y a de l'espoir, même en Alabama ! Il y a deux ans, Jeffrey s'est fait une
copine : Kimberley, une belle grande blonde aux yeux bleus. Cependant,
cette fois-ci, au lieu de changer de côté de rue, il a dû changer d'État.

Il y a donc encore énormément de chemin à faire. Et comme je le
disais, les rêves ne se réalisent qu'en équipe. Et nous faisons partie de
cette équipe. Et moi aussi, j'ai fait un rêve : que nous adoptions au Canada
le Martin Luther King Day. Ainsi, nous aurions tous ensemble, Blancs,
Noirs, Jaunes et même Roses..., une belle journée de congé en plein
hiver. L'hiver qui, malheureusement, demeure blanc.

Bernier 007

C'était unanime, tout le monde souhaitait la démission de Maxime Bernier, ministre des Affaires étrangères. La désapprobation envers le couple Bernier-Couillard était également totale. Unanime, totale ? Non, ce n'est pas tout le monde qui était contre. Pour ma part, je pense que Maxime Bernier est le politicien idéal, et qu'il formait avec Julie Couillard un couple idéal.

Tout d'abord, d'un point de vue purement esthétique, avouez que les deux ex-tourtereaux sont d'une beauté exemplaire. Même en étant un gars, je suis capable de reconnaître que Maxime Bernier n'est pas juste beau bonhomme, il est tout simplement *hot*. Son physique d'athlète, son sourire engageant et ses beaux yeux rieurs feraient craquer ma cousine Janice. Et Julie Couillard à elle seule a donné une toute nouvelle signification au terme «colline» parlementaire. Pour une fois, une blonde de ministre qui n'était pas coincée dans un tailleur des années 1950, avec un sourire d'annonce de dentier. On n'avait pas vu un match aussi sulfureux depuis que Pierre Elliott Trudeau s'est fait surprendre avec Barbra Streisand dans la cuisine du 24 «Sussexxx». De toute évidence, le couple Bernier-Couillard était un match parfait.

Si les regards étaient dirigés vers le décolleté de Mme Couillard, les critiques, quant à elles, étaient plutôt dirigées envers ses fréquentations. Je vous rappelle qu'elle a été mariée à un proche de Mom Boucher, en plus d'avoir fréquenté un autre motard haut placé. Ce n'est pas ce qu'on pourrait appeler des enfants de chœur. De son côté, Maxime fréquentait également des personnages peu recommandables ; George Bush, Pervez Musharraf du Pakistan et Mahmoud Ahmadinejad de l'Iran. Ils n'ont peut-être pas de casier judiciaire, mais ils ont accès à des armes nucléaires. Voilà donc un autre point en commun pour Maxime et Julie.

En outre, on a beaucoup souligné la propension de l'ex-ministre Bernier à accumuler les gaffes : sa distribution de Jos. Louis, sa demande de démission du gouverneur de Kandahar, sa méprise de la véritable identité du président d'Haïti, etc. Mais, encore là, on a le match parfait avec Julie ! Bien que son incursion dans la vie publique soit récente, la liste de ses gaffes est déjà impressionnante. Ça prend un méchant manque de jugement pour accompagner son *chum* à son assermentation de ministre avec un décolleté attirant plus d'attention que le nouveau cabinet. Et pourquoi attendre cinq semaines avant de remettre le fameux document compromettant pour la sécurité nationale ? Son entrevue télévisée nous a permis de remarquer qu'elle ne remportera jamais le prix Nobel de littérature.

Pourtant, tous s'entendent pour dire que le couple Bernier-Couillard n'était pas destiné à être nos représentants sur la scène internationale. C'est que vous n'avez tout pas compris leur stratégie. Maxime Bernier n'était pas à la tête du ministère des Affaires étrangères pour rien. Ce haut lieu des intrigues, des manigances et du top secret. On le voyait comme un simple représentant de gâteaux Vachon. En fait, il était le James Bond de notre diplomatie ! L'ex-ministre Bernier cultivait sa relation avec Julie Couillard pour pouvoir infiltrer le milieu criminel au Canada pour ensuite se rendre jusqu'au pavot en Afghanistan ! Pour ce qui est de Mme Couillard, vous l'avez sous-estimée dangereusement. Elle est beaucoup plus qu'une simple Bond *girl*. Bon, on savait déjà qu'elle est super *hot* en bikini, mais ne négligez pas ses habiletés en politique. À elle seule, elle était plus assurée de faire tomber le gouvernement Harper que Stéphane Dion et toute son équipe. « Mon nom est Bernier... Maxime Bernier. »

Pour en finir avec Julie

Depuis quelques semaines, on assiste au lynchage public de Julie Couillard.

Qu'est-ce qu'elle a fait de si grave pour mériter un tel traitement ? Est-ce qu'elle a vendu des secrets militaires aux Russes ? Est-ce qu'elle aurait donné aux talibans la clé de la prison de Kandahar ? Non, elle a simplement mis la mauvaise robe au mauvais moment.

Bon, certains diront qu'elle a essayé d'influencer le ministre pour servir ses propres intérêts... et ceux de sa mère, mais pourquoi devrait-elle être blâmée pour ça ? Y a-t-il une autre raison pour parler à un ministre, à part essayer de lui soutirer une faveur ?

Ce qui est troublant dans toute cette affaire, c'est que depuis que Bernier a démissionné, Julie Couillard semble être devenue la seule et unique responsable. C'est pire que la chasse aux sorcières de Salem en 1692. Tous les aspects de sa vie publique et privée sont étalés au grand jour, et toujours de façon insidieuse. Une photo d'elle prise au restaurant avec un homme en 1995 fait surface et on conclut immédiatement que Julie a été sa maîtresse. Elle a un petit rôle dans *Surprise sur prise*, et on s'empresse de dire qu'elle est une actrice sans talent. En apprenant qu'elle est agente immobilière, on met immédiatement en doute ses qualifications. Elle refuse de témoigner devant le comité parlementaire, c'est une menteuse. Pourtant, elle n'est pas la seule à refuser de témoigner. Maxime Bernier et Stephen Harper s'y refusent également, mais ils ne subissent pas le même acharnement. Personne ne pose de questions suggestives sur le passé sulfureux de Mme Harper.

À entendre les gens, on pourrait croire que Mme Couillard est non seulement responsable de cette saga, mais qu'on peut aussi tout lui mettre sur le dos : la baisse de popularité de l'ADQ dans la région de

Québec, la défaite de Hillary Clinton et le réchauffement de la planète. Alors que, dans les faits, elle n'est même pas responsable du refroidissement de son couple. Car ce n'est pas elle qui a choisi la fameuse robe au grand décolleté, c'est Bernier qui lui avait dit : «Mets la robe que tu avais quand on a soupé avec André Arthur.» Et dire que c'est juste elle qui se fait critiquer pour ses mauvaises fréquentations !

Pour Stephen Harper, l'affaire Couillard est ce qui lui est arrivé de mieux depuis qu'il a perdu sa virginité à sa dernière année d'université. Puisque Julie Couillard monopolise les nouvelles parlementaires, on ne parle pas ou peu des autres nouvelles de la colline parlementaire : les excuses vides du gouvernement envers les autochtones, le plan vert (plus vert billet de banque que vert environnement) et la *vietnamisation* de la guerre en Afghanistan. C'est à se demander si ce n'est pas le bureau du premier ministre qui coule toutes ces rumeurs au sujet de Julie Couillard. Je sais que c'est une accusation assez gratuite et fallacieuse, mais ça semble être la norme ces temps-ci.

Par contre, M. Harper devrait être habitué à ce genre de traitement, car ça joue dur dans le monde de la politique. Julie Couillard en sait quelque chose. Avec le mois qu'elle vient de passer, elle regrette sûrement son ancien milieu. En effet, dans le monde interlope, c'est une jambe cassée, pas une vie brisée.

G des idées

J'espère grandement que le G8 et le G20[2] seront spectaculairement efficaces, car au prix que cela nous coûte, il serait très décevant qu'ils concluent avec un «Nous ne sommes pas parvenus à un consensus sur les questions économiques, nous avons alors créé un comité exploratoire ayant comme objectif d'émettre des pistes de solutions possibles éventuelles».

Évidemment, je ne suis pas très optimiste. La préparation bordélique du gouvernement conservateur n'inspire pas confiance. Pensons juste au lac artificiel construit au coût de 2 millions de dollars. Heureusement, le premier ministre Harper nous a rassurés en précisant que le lac comme tel ne coûtait que 57 000 $. J'imagine que la facture fut gonflée par tout le reste : chlore, chaises patio et spaghettis en mousse de polystyrène. Et comme il y a des journalistes de partout dans le monde, ils vont sûrement jouer à *Marco Polo*, et ça va faire des dégâts. Inévitablement, le filtreur va bloquer et il faudra faire des *backwashs* quatre à cinq fois par jour. Finalement, on est chanceux si ça ne dépasse pas 2 millions.

Mis à part ce tsunami dans le lac artificiel, le véritable scandale, c'est le milliard pour la sécurité, surtout quand on pense que le G20 tenu à Pittsburg en 2009 n'a coûté que 18 millions. C'est d'autant plus surprenant quand on sait qu'aux États-Unis chaque citoyen a le droit de porter une arme, ça fait donc 330 millions de tueurs potentiels. De plus, comparé à Pittsburg, Toronto est un village bucolique dans l'arrière-pays. Tout ce qu'ils auraient à faire pour assurer la sécurité serait d'encercler la salle de réunion avec le carrousel de la Gendarmerie royale.

---

2. Texte écrit en réaction au G8 et au G20 tenus les 25 et 26 juin 2008 à Huntsville, à 200 km au nord de la métropole canadienne pour le premier, et les 26 et 27 juin à Toronto pour le second.

S'il y a une décision qui devrait être prise lors du Sommet, ce serait celle de se réunir de façon plus économique. Et j'ai des idées à leur soumettre.

Solution n° 1. Tenir le Sommet au Nunavut. Il manquerait probablement de chambres d'hôtel, mais avec un milliard, tu en construis, des igloos! De plus, très peu de manifestants viendraient troubler les rencontres, ce qui assurerait des sommets performants, surtout en période d'équinoxe comme ces jours-ci: «OK, les *boys*, on arrête au coucher du soleil!»

Solution n° 2. Faire les réunions par Skype. Pourquoi déplacer tous ces gens importants et trop occupés alors qu'il suffit d'organiser des vidéoconférences? Nous épargnerions des sommes considérables en hébergement et en déplacement. Et que dire du milliard épargné en sécurité? À 57 000 $ chacun, nous pourrions construire 17 543 lacs artificiels dans des quartiers pauvres du pays, où les gens n'ont pas les moyens d'avoir un chalet au bord d'un lac. Question que tous profitent aussi des retombées du Sommet!

Solution n° 3. Tenir le Sommet à Toronto... mais la nuit! Fini le danger, car Toronto la nuit, c'est plutôt tranquille pour ne pas dire mort. S'il y a qui que ce soit qui se promène après 23 h, tu tires sans poser de question: c'est certain que c'est un terroriste, ou un Québécois soûl qui cherche un bar de danseuses.

Solution n° 4. Tenir les sommets dans un endroit secret. Personne ne connaîtrait le lieu de la rencontre. Donc, pas de manifestants anarchiques, pas de journalistes aux questions embarrassantes. De toute façon, ça ne donne rien qu'on sache déjà où cela se produit, tout est décidé d'avance. La preuve, le communiqué de presse final du G20 est déjà rédigé à 90 %! Bon Sommet tout le monde!

Nos cousins du Sud

La poussière est retombée, la poudre à canon a fini de brûler et les esprits se sont calmés par rapport à la tragédie chez nos cousins du Sud, à Tucson[3] dans l'État de l'Arizona. Ce recul ne nous permettra pas de comprendre l'incompréhensible, mais qui sait, il nous aidera peut-être à le prévenir.

J'étais aux États-Unis le jour où Jared Lee Loughner a commis l'irréparable. Son chargeur était à peine vidé que le pays au complet était en alerte orange. Dans tous les lieux publics, les mêmes annonces dramatiques : «Si vous voyez des colis suspects, ou des gens avec un comportement étrange, appelez le 9-1-1.» Le niveau de paranoïa était tel que la direction de mon hôtel a appelé l'équipe SWAT parce que j'avais fait une bombe dans la piscine! Blague à part, tous étaient sur les dents, c'était palpable. La situation était nourrie par une folie médiatique s'interrogeant sur la santé mentale de Loughner, sa situation familiale conflictuelle, son expulsion de l'école, sa récente rupture amoureuse, son prophétique message laissé à son meilleur ami quelques heures plus tôt, l'influence d'Internet et du discours radical de la droite américaine. Comme à la polyvalente, lorsque j'ignorais la réponse, j'ai opté pour *d) l'ensemble de ces réponses.*

Aux États-Unis, personne n'a soulevé la question : «Devrait-on limiter l'accès aux armes à feu?» Parce que même si le jeune Loughner était effectivement un *ensemble de ces réponses*, sans arme à feu, il aurait exprimé sa frustration en lançant des tomates, ses souliers, ou en entartant la politicienne en question avec une tarte à la crème, ou mieux

---

3. Le 8 janvier 2011, Jared Lee Loughner ouvrait le feu lors d'une rencontre politique entre une parlementaire démocrate, Gabrielle Giffords, et ses constituants. Loughner tua 6 personnes et en blessa grièvement 12 autres, dont Mme Giffords, la cible présumée du tireur fou.

encore... avec une bombe Alaska! Apparemment, cela n'a effleuré l'esprit de personne qu'un accès facile aux armes à feu signifie plus de meurtres au kilomètre carré. Pourtant, ce ne sont pas les exemples qui manquent: Columbine, Virginia Tech, le *sniper* de Washington en 2002, et c'est sans compter les 30 000 personnes tuées par arme chaque année aux États-Unis. La mentalité du cow-boy et l'attitude *Live free or die!* (vivre en liberté ou mourir) semblent imprégnées dans l'esprit américain. Le droit de porter une arme n'est pas seulement présent dans la constitution américaine, il est carrément intégré dans leur ADN.

Quoi qu'on dise, ils n'abandonneront pas l'idée de porter une arme. Ils devraient alors être conséquents: puisqu'il s'agit d'un droit constitutionnel établi en 1791, ça devrait être des armes de 1791. Le tir étant moins précis, cela donnerait une chance à la cible. Et comme le tireur prend 27 secondes pour vider la poudre, glisser le plomb et tasser le tout avec la tige avant de tirer à nouveau, le nombre de victimes lors des fusillades se limiterait à... une.

On serait porté à croire que j'ai une opinion défavorable de nos cousins du Sud. Au contraire, ayant vécu pendant plusieurs années aux États-Unis, je peux vous affirmer que j'ai le peuple américain en très haute estime. La majorité d'entre eux ont un esprit d'entraide proverbial, sont dotés d'un merveilleux sens de l'humour et d'une profonde humanité. C'est d'autant plus choquant quand cette obsession d'une minorité pour les armes vient régulièrement entacher l'image de tous. Je sais par expérience que c'est un poids lourd à porter pour beaucoup d'Américains. Je pense ici à mon grand ami John van Bockern (ancien clarinettiste solo de l'OSQ), décédé la semaine dernière, qui, pendant son long combat contre la maladie, a gardé son sens de l'humour et sa profonde humanité. *Goodbye John!* Si tous les Américains étaient comme toi, les seules armes dont on aurait besoin seraient des fusils à eau!

Métiers

Nous avons tous des hauts et des bas dans nos emplois respectifs. Toutefois, il existe certains corps de métiers qui ne reçoivent pas toute l'admiration qu'ils méritent. C'est pour cela qu'au cours des années j'ai écrit plusieurs chroniques afin de rendre hommage à quelques-uns d'entre eux. Exception faite de la dernière chronique qui n'est pas un hommage, mais un «dommage» à un métier qui a créé beaucoup... de dommages!

● ●

Bonjour, monsieur Hall!

Je tiens à vous transmettre toute ma reconnaissance pour votre texte «Hommage aux enseignantes» publié le 22 avril dernier. Nous sommes plusieurs à l'avoir lu et épinglé au «tableau des profs». Si seulement les fonctionnaires du ministère de l'Éducation comprenaient autant que vous ce qui se passe sur le «plancher des vaches», comme on dit en bon québécois. Je vous remercie de votre soutien et d'avoir pris le temps de faire un article si bien articulé.

Monique

● ●

Hommage aux enseignantes

La semaine dernière, François Legault présentait son plan en matière d'éducation. Selon son analyse, les professeurs d'école sont presque les seuls responsables pour les failles de notre système d'enseignement. On savait que M. Legault était comptable, mais il est maintenant clair qu'il n'a jamais été enseignant.

L'application de son plan cartésien rendrait encore plus difficile le travail déjà quasi impossible de nos enseignantes (comme la majorité de nos professeurs d'école sont des femmes, le féminin l'emportera sur le masculin le temps de ma chronique). Ce que le comptable Legault nous propose, c'est de lier le rendement des élèves à la sécurité des enseignantes. Je simplifie sa proposition, mais essentiellement ce qu'il dit, c'est que si tes élèves réussissent leur année scolaire, on te réengage, sinon c'est bye-bye! J'ai peur de ce qu'il nous sortira pour les autres ministères. Par exemple, au ministère de la Santé: «Ah! désolé, infirmière Gagnon, trois de vos patients sont restés plus que les trois jours selon les normes pour une opération d'appendice! Vous êtes virée!» Au ministère du Revenu: «Gravel! Vous avez récupéré seulement 60 000 $ en impôts non payés cette semaine... Faites vos boîtes!» Si François Legault prenait le pouvoir, je ne serais pas surpris de le voir imposer un quota de contraventions aux policiers. (Ah! c'est vrai... c'est pas mal déjà établi!)

M. Legault met les enseignantes dans une position intenable. Leur sécurité d'emploi dépend des résultats de tes élèves, et c'est toi-même qui attribues leur note finale. Il serait tentant pour n'importe qui de dire:

«Bravo, Jimmy! Tu es capable de situer ton nez au milieu de ton visage! Alors, je te donne 89 % en géographie.»

Fort heureusement, ce n'est pas ainsi que ça fonctionne. Dans l'enseignement, ce n'est pas toujours 2 + 2 = 4! La plupart du temps, c'est une équation plus complexe, dont les résultats apparaissent beaucoup plus tard. En réalité, dans une classe, l'équation risque d'aller comme suit: Jimmy + pas de petit déjeuner le matin + léger déficit d'attention + victime d'intimidation à la récré + léger problème d'embonpoint + 32 autres élèves dans la classe avec chacun leurs petites équations personnelles = une enseignante surchargée qui doit jongler avec 33 p'tits monstres énergiques et en plein développement de leur personnalité, trop de parents qui s'attendent à ce que tu élèves leur enfant à leur place, un bulletin unique et compréhensible pour tous, et le tout en concordance avec l'application des compétences transversales selon la dernière réforme pédagogique du Ministère! En prenant tout cela en considération, vous aussi seriez tenté d'attribuer 89 % à Jimmy pour avoir su situer son nez au bon endroit... surtout si votre emploi en dépendait.

C'est pour cela qu'on dit «vocation» quand on parle du métier d'enseignante. C'est un travail exigeant, avec beaucoup de responsabilités et peu de reconnaissance! Pensez à quel point vous êtes heureux à la fin de l'été quand c'est le retour en classe de vos enfants. Vous les avez eus pendant 2 mois et non 10, vous en aviez 1 ou 2 et non 34, vous n'aviez pas de programme pédagogique imposé, et personne ne va vous congédier si vous ne satisfaites pas aux standards établis par un comptable. Pourtant, quand on parle de la situation des enseignantes, les gens vont souvent répliquer: «De quoi ils se plaignent? C'est une maudite belle job! Y'ont deux mois de vacances l'été... payés en plus[4]!» Je mets au défi n'importe qui de passer une semaine à faire le travail d'une enseignante. Je vous garantis qu'après trois jours vous aurez besoin d'une année sabbatique!

---

4. En réalité, les enseignants sont payés pour 10 mois de travail, mais leur salaire est réparti sur 12 mois.

Le dentiste

Mardi, je me suis réveillé en plein milieu de la nuit, en sueur et avec une douleur intense à la mâchoire. Merde ! J'avais un mal de dents... de type commission Bastarache : lancinant et pénible. À 6 h 15, j'étais devant la porte du cabinet de mon dentiste. C'est rare qu'on ait le goût de voir son dentiste, mais ce matin-là, j'aurais vendu ma propre mère pour voir Dr Auger sur-le-champ.

Malheureusement, ses bureaux n'ouvrent qu'à 8 h, alors j'ai été un bon moment assis dans l'escalier à réfléchir à la situation. Je me suis rendu compte que c'était la première fois de ma vie que j'avais hâte de voir mon dentiste. Pourtant, c'est un gars très sympathique, très compétent et, surtout, qui saisit chaque mot que je prononce, malgré tout l'attirail que j'ai dans la bouche, contrairement à ma blonde qui ne comprend plus rien si j'ai le malheur de me mettre un cure-dent dans la bouche.

Ne le niez pas, nous sommes tous pareils : tout le monde a peur du dentiste, on reporte toujours nos visites, alors qu'on devrait les devancer. S'il y a un investissement qui s'avère toujours rentable, c'est bien dans ses dents. D'un point de vue strictement financier, 100 $ de nettoyage de dents tous les six mois vous éviteront des milliers, voire des dizaines de milliers, de dollars en traitements de canal, implants et prothèses. L'idée n'est pas de faire un beau sourire aux archéologues dans 4000 ans, mais de pouvoir manger autre chose que du mou à 80.

7 h 23. Je suis maintenant à genoux, à prier pour que mon dentiste arrive plus tôt. Malheureusement, tout ce que ma prière m'a permis d'obtenir fut un mal de genoux... qui, je dois dire, m'a momentanément fait oublier ma rage de dents.

7 h 32. Mon cellulaire sonne. C'est la secrétaire de mon médecin de famille qui m'appelle concernant mon rendez-vous pour mon examen de la prostate : « Vous n'avez plus vraiment d'excuses possibles, monsieur Hall, cela fait déjà cinq fois que vous le reportez. » Soudainement, je n'ai plus mal aux genoux... mais vous savez où.

Autre exemple parfait d'un rendez-vous auquel on devrait se conformer, peut-être pas avec enthousiasme, mais certainement pas de reculons... mais un peu quand même (ceux qui voudront y voir là un jeu de mots malintentionné, vous avez tout à fait raison). D'ailleurs, en voici un autre, un examen de la prostate par année peut vous permettre de dire : « Je suis passé à un doigt de la mort ! »

7 h 48. Je suis maintenant prosterné au sol à râler comme un héroïnomane en sevrage depuis 36 heures quand, soudainement, j'ai mal aux doigts. Écrasés qu'ils sont par une botte qui parle. Je commence à avoir des hallucinations. Peut-être que je n'aurais pas dû prendre un septième comprimé d'Advil. Mais non, ce n'est pas une hallucination, il y a bel et bien une botte, appartenant à un policier, qui me dit : « Vos papiers, s'il vous plaît. » Voici un autre groupe d'individus qu'on n'a pas le goût de voir. Et pourtant, la police peut nous sauver la vie. On les perçoit trop souvent comme une menace, tandis qu'en réalité ils sont là pour nous protéger contre le mal... et parfois nous protéger de nous-mêmes. Comme dans le cas présent. Le constable Denicourt m'a pratiquement sauvé la vie ce matin-là. Après que j'eus décliné mon identité et expliqué mon désarroi, il m'a répondu : « Mais monsieur Hall, vous êtes au 2e étage, le dentiste est au 3e. D'ailleurs, j'ai un rendez-vous à 8 h pour un nettoyage. Si vous voulez, je vous cède ma place. » J'étais si reconnaissant qu'en échange je lui ai offert mon rendez-vous chez mon médecin de famille... J'espère qu'il n'ira pas de reculons. Mais un petit peu quand même !

Prostituées d'État

Le débat autour du plus vieux métier du monde est relancé. Cette semaine, la Cour d'appel d'Ontario a statué que l'interdiction de tenir une maison de débauche est inconstitutionnelle et porte atteinte à la sécurité des prostituées. Je crois sincèrement que nous devrions assurer leur sécurité tant physique que sur le plan de l'emploi en étatisant la prostitution.

On a déjà étatisé la production de l'électricité avec Hydro-Québec, l'alcool avec la SAQ et le jeu avec Loto-Québec. Après la SAQ, la SAAQ, voici la SAA-ahhhQ! La Société pour l'avancement de l'activité amoureuse du Québec serait assurément la société d'État la plus rentable. Oubliez le Plan Nord, voilà une richesse naturelle qui ne s'épuisera jamais. Pas besoin d'un MBA pour comprendre que la dynamique de l'offre et de la demande dans ce domaine sera toujours là. Et contrairement aux industries minières, il n'y a aucun risque financier. Donc, au lieu de laisser le crime organisé s'approprier le marché, l'État devrait s'investir à fond avec la SAA-ahhhQ.

D'autant plus que nous avons une dette historique envers les filles de joie. C'est grâce à elles si nous avons réussi à nous implanter sur ce continent. La présence en Nouvelle-France des Filles du Roy fut un puissant argument de vente pour garder les colons sur place[5]. Quand, pour encourager le colon à persévérer malgré la rudesse des hivers, l'intendant disait: «Regarde les belles montagnes!», il ne pointait pas les Laurentides. Et contrairement à l'Église catholique, les Filles du Roy étaient plus ouvertes d'esprit, leurs positions ne se limitaient pas à celle du missionnaire!

---

5. En réalité, les Filles du Roy n'étaient pas des prostituées, mais de pauvres orphelines qui, en plus d'être forcées à quitter la mère patrie, ont dû épouser non seulement un pays froid, mais un mari chaud!

En étatisant la prostitution, l'État pourrait joindre l'utile à l'agréable. En contrôlant tous les niveaux de cette activité commerciale, le gouvernement amasserait les taxes et tous les profits. Il ferait tellement d'argent que les frais de scolarité seraient gelés aussi longtemps que le cerveau de Keith Richards.

Les côtés utiles de cette étatisation sont nombreux. Les prostituées pourraient contribuer au développement de plusieurs corps de métiers. Par exemple, dans le domaine de la médecine, les étudiants en gynécologie et en médecine générale auraient des cobayes (très bien rémunérés) pour développer leur expertise médicale. Les sexologues, les psychologues et autres «ologues» pourraient également y faire leurs premières armes non seulement avec les prostituées, mais également avec leur clientèle. Aucun bordel n'offre un tel service après-vente! Avec ce côté pratico-pratique de leur curriculum, nos établissements universitaires deviendraient des références sur le plan international et rejoindraient Oxford, Harvard et Yale au rang des universités les plus populaires.

Les policiers aussi pourraient offrir un côté pratique à leur formation. Au lieu d'un Gino qui se contente de percevoir le *cash* à la porte, on aurait un finissant de l'Institut de police de Nicolet qui pourrait vérifier les antécédents des clients, en plus d'assurer la sécurité des filles. Et si jamais l'une d'elles était victime d'un «accident de travail», rassurez-vous, une grossesse est plus facile à prouver que des maux de dos et les prestations de la CSST sont plus généreuses que celles du Régime québécois d'assurance parentale.

L'Institut de tourisme et d'hôtellerie su Québec (ITHQ) pourrait également bénéficier de ce nouveau type de fonctionnaires. Les futures femmes de chambre pourraient y suivre une formation accélérée. En effet, vous apprendriez plus rapidement quand les chambres doivent être prêtes, non pas avant la fin de la journée, mais avant la fin de chaque heure.

Seule ombre au tableau, si les prostituées devenaient employées de l'État, l'image du fonctionnaire serait davantage entachée. Déjà qu'ils et elles ont la réputation de «se pogner le derrière», ces fonctionnaires nouveau genre ne pourraient réfuter que quelqu'un d'autre le fait pour eux.

Fermier cherche fermière

On apprenait cette semaine que nos agriculteurs ont beaucoup de difficulté à se trouver une conjointe. La situation est à ce point critique que de nombreux fermiers sont obligés de quitter la ferme, car ils ne se trouvent pas de fermière avec qui partager leur vie. C'est triste de voir qu'à la ferme de nos jours, il n'y a que le bœuf reproducteur qui voit de l'action !

Cette situation, d'apparence anodine, est en réalité une question de survie nationale. Car si nos agriculteurs quittent leur ferme pour venir en ville, qui va nous nourrir ? Il faut aider nos jeunes fermiers à trouver l'âme sœur... et l'âme frère. Parce qu'il y a également des fermières à la recherche d'un partenaire. Ne me dites pas qu'ils n'ont qu'à se marier entre eux, ils ont tous deux des fermes à s'occuper. Et il y a de bonnes chances qu'ils soient cousins ou cousines. Donc, pour éviter un exode urbain de ces célibataires, encourageons plutôt les célibataires urbains à faire un exode rural, car nous ne sommes plus à l'époque des *Arpents verts*, où il fallait monter dans le poteau pour téléphoner. La technologie du XXIe siècle est arrivée à la campagne depuis longtemps. Eux aussi ont accès aux 500 chaînes de télévision, à Internet haute vitesse et aux cellulaires dernier cri. Mais, contrairement à la ville, le smog n'y est pas encore arrivé.

Il est vrai que le fermier se lève aux aurores et qu'il est à l'ouvrage dès 5 heures et quart. Mais à 9 heures, il s'installe pour son second petit déjeuner avec les œufs d'une poule qu'il connaît, du lait d'une vache qu'il trait et du bacon... au tofu. Comme c'est son second petit déjeuner, il doit faire attention à son cholestérol ! Un pourcentage élevé de ceux qui travaillent en ville doit également se lever à l'heure des poules, et c'est simplement pour arriver au bureau à 9 heures ! Heureusement, la circulation est tellement lente qu'ils peuvent manger leur petit déjeuner dans l'auto. Quant à la provenance de leur «Egg-trucmuche», non seulement ils ne connaissent pas la poule, mais ils ne sont même pas sûrs que cela vient d'une poule.

En tant que citadins, on dédaigne souvent l'odeur de la ferme. Il est vrai que certains types de purin dégagent une odeur très forte, mais on finit par s'y habituer. Par contre, le mélange d'odeurs qu'on se tape tous les matins dans l'ascenseur et celui émanant des bureaux à aires ouvertes varient tous les jours, et jamais on ne s'y habituera. Au moins, les vaches Pierrette, Clémentine et Marguerite sentent la même chose. On ne peut pas en dire autant pour Roxanne, Linda et Johanne. Je suis sûr que la combinaison de leurs parfums est interdite par la Convention de Genève sur les armes chimiques.

Tout compte fait, la vie à la campagne est indéniablement plus attrayante que la vie urbaine. De toute façon, il en va de notre intérêt de garder nos fermiers et fermières à la ferme... et heureux, car s'ils quittent la campagne, nous finirons par manger la même chose : des aliments produits industriellement par une poignée de mégafermes partout en Amérique du Nord. Alors, on ne se demandera plus : «Qu'est-ce qui vient en premier, l'œuf ou la poule?» mais : «Qu'est-ce qui vient en premier : l'OGM ou le cancer?»

Journée de l'oubli

Hier, partout au pays, nous avons souligné le jour du Souvenir. Des cérémonies solennelles avec dépôt de couronnes de fleurs, minute de silence et larmes coulant le long des joues ridées d'anciens combattants. Malheureusement, aujourd'hui et pour les jours suivants, c'est le jour de l'oubli.

Notre mémoire se fane plus rapidement qu'un coquelicot en hiver. Dès le lendemain du jour du Souvenir, on oublie les sacrifices de nos soldats d'hier, et c'est pour cela qu'on a encore des soldats aujourd'hui. L'idée de base du jour du Souvenir, c'est qu'on se souvienne des horreurs de la guerre afin qu'on puisse dire: «Plus jamais!» De toute évidence, nous ne nous en souvenons pas, car les guerres ne sont pas «en rupture de stock». Le 11 novembre, c'est: «Bravo, soldat!» et le 12 novembre, c'est: «Tasse-toi, mononcle!»

À propos, mon oncle Harvey était l'un des milliers de Canadiens qui, lors de la Deuxième Guerre mondiale, ont fait l'ultime sacrifice. Un beau jeune homme (évidemment, c'était mon oncle!) dans la fleur de l'âge qui est mort avant son temps, afin de défendre son pays et ses valeurs. J'aurai toujours en mémoire cet homme, chimiste brillant et joueur de football, qui n'a pas eu la chance de vivre sa vie parce qu'il l'a donnée pour moi et les générations à venir. Il n'a pas eu d'enfant ni la brillante carrière qui l'attendait, car sa vie a été écourtée par la guerre. Même si je ne l'ai jamais connu, oncle Harvey m'aura profondément marqué. Je ne peux pas en dire autant de mon oncle George, prospère homme d'affaires ayant vécu jusqu'à 93 ans et qui ne m'aura appris qu'une seule chose: «C'est avec des cennes qu'on fait des piastres!» À sa mort, j'avais juste le goût de dire: «C'est avec un testament qu'on fait des heureux!» pas parce que j'étais intéressé à son argent, mais parce que c'était l'unique sujet de conversation de l'oncle George. Pour sa part, l'oncle

Harvey a peut-être quitté notre monde plus tôt, mais ma famille s'est fait un devoir de se souvenir de lui.

Nous n'avons pas tous un oncle Harvey dans notre famille, alors pourquoi ne pas en adopter un ! On adopte bien des bélugas du fleuve Saint-Laurent, et même des étoiles qu'on ne visitera jamais. Alors, pourquoi ne pas adopter un ancien combattant ? Quelqu'un que vous pourriez visiter et qui vous aiderait à garder la tragédie de la guerre bien en mémoire.

Et souvenez-vous, ce ne sont pas tous les anciens combattants qui sont anciens. Des milliers d'entre eux n'ont pas 30 ans et ils seraient bien contents de pouvoir témoigner de leur expérience. Cela leur ferait un bien énorme d'en parler, et pour vous, ce serait plus enrichissant qu'un reportage de quatre minutes aux nouvelles le 11 novembre.

Des échanges de ce genre nous aideraient à saisir la complexité de notre présence en Afghanistan, par exemple. Et c'est d'autant plus important de comprendre tous les enjeux, car le gouvernement Harper s'apprête à allonger pour une troisième fois la mission canadienne dans ce pays. Au lieu de retirer totalement nos soldats comme prévu en juillet 2011, environ 750 d'entre eux resteraient sur place afin d'assurer la formation des soldats et des policiers afghans. On se demande : si la formation avait été notre seul et unique mandat dès le début de notre présence en Afghanistan en octobre 2001, le conflit ne serait-il pas plus près d'être résolu ? L'idée étant de ne pas imposer une solution, mais de les aider à en trouver une.

Malheureusement, la nature humaine étant ce qu'elle est, nous aurons des guerres encore longtemps. Pour y mettre fin, il faudrait peut-être commencer par s'en souvenir tous les jours, et pas seulement une fois par année.

Reine du Canada et... du *glamour*!

Le magazine *Vogue* a récemment élu *notre* Majesté royale, la reine Élisabeth II, parmi les femmes les plus *glamour* du monde. La reine *glamour*?! Ridicule! Absurde! J'ajouterais même *shocking*! prononcé avec l'accent *british*.

Parmi les femmes lauréates de ce prix, on trouve Naomi Campbell, Kate Moss, Claudia Schiffer et maintenant Élisabeth II, Liz pour les intimes, aussi connue sous les appellations la «vieille sacoche», la «passée date», la «bête comme ses pieds»... et ça, c'est juste les noms que j'utilise! Imaginez si on avait dressé la liste de ceux que lady Di utilisait pour décrire sa belle-mère. La reine *glamour*! Ça va être quoi après? Le prince Charles en couverture du *GQ Magazine* comme le *Sexiest man on earth*? Lady Camilla qui se dévoile en pages centrales du *Playboy*? Où est le pont le plus proche que je saute?

Évidemment, avec mes racines irlandaises, tout le monde s'attend à ce que je profite de cette occasion en or pour rappeler le caractère archaïque de la monarchie, une institution dépassée et inutile qui n'a absolument pas sa place au Canada, et encore moins au Québec.

Eh bien non, je vous surprends peut-être, mais je me porte à la défense de notre reine! Tout d'abord, définissons le concept de *glamour*. Est-ce simplement une anorexique top-modèle qui bouffe un biscuit soda pour déjeuner et qui se fait vomir avant 11 h pour pouvoir manger *un* sushi à 14 h? Ou une *bitch* finie qui passe ses journées à piquer des crises de vedette envers le personnel des centres de désintox qu'elle fréquente une fin de semaine sur deux? Non. C'est bien plus que ça! C'est aussi l'argent, les scandales et les comportements bizarres... tous des domaines que la reine remporte haut la main.

Élisabeth: 1 et les autres *bitchs*: 0.

Je me fous du revenu annuel du nouvel époux de Naomi Campbell. Qui a le plus de diamants entre elle et la reine?

Élisabeth : 2 et les autres *glamour girls* : 0.

Je me balance du nombre d'hôtels que possède la famille de l'anorexique Paris Hilton. Élisabeth possède de *vrais* châteaux et elle a un vrai *king* dans son lit *king*!

Élisabeth : 3 et les autres folles finies : 0.

Ajoutez à cela les joyaux de la couronne, ses domaines dans le monde, ses voitures, ses chevaux, ses bateaux! Elle possède même la *Queenmobile*, à quatre chevaux, c'est pas vite, vite, mais c'est entièrement en or et en pierres précieuses. Même le pape en est jaloux.

Élisabeth : 4 et le reste : 0. Un balayage 4 à 0.

Et Élisabeth n'est que la pointe de l'iceberg de sa glorieuse famille. Je ne vous parlerai pas de la grande Catherine, sa cousine de la fesse gauche, qui avait sa manière bien à elle de monter un cheval. Et que dire des squelettes qui se cachent dans le placard du prince Charles? Il y a plus de majordomes transsexuels que chez Mado Lamothe un samedi soir.

Pas besoin d'en dire plus! Liz, tu es la meilleure. Tu es sur le toit du monde. Et je ferai tout pour défendre ton titre... de reine du *glamour*, mais pas du Canada, s'il te plaît!

Porter sa croix

Me voici de retour après un mois de vacances. Malgré le temps maussade des dernières semaines, je passe un bel été empreint de tranquillité. Un seul nuage assombrit mon ciel, l'arrivée de mon nouveau voisin. Ce n'est pas qu'il écoute de la musique techno à toute heure de la nuit, ni qu'il passe sa tondeuse tôt le matin, c'est un gars très tranquille qui ne ferait pas mal à une mouche. Mais ne lui mettez pas une calculatrice dans les mains ! Dans le temps de le dire, il dilapidera les avoirs de tout le voisinage. Vous l'aurez deviné, mon nouveau voisin s'appelle Vincent Lacroix.

En effet, Lacroix, qui purge une peine 10 ans pour avoir floué de 115 millions de dollars de pauvres investisseurs, vient d'être transféré dans une maison de transition de Saint-Henri après seulement 18 mois d'incarcération. S'il est sorti de prison, ses victimes, elles, sont loin d'être sorties de leur enfer. La plupart sont de petits investisseurs, et bon nombre d'entre eux devront retourner travailler jusqu'à la fin de leurs jours.

Je ne suggère pas que Lacroix passe le reste de ses jours en prison comme c'est le cas pour Bernard Madoff aux États-Unis (condamné à 150 ans pour des fraudes totalisant 65 milliards). En revanche, j'aime bien imaginer Lacroix dépérir en prison et avoir de la difficulté à s'asseoir pour le reste de ses jours. Mais comme il est à la fin de la trentaine, une condamnation à vie coûterait trop cher aux contribuables.

Alors, pourquoi ne pas le punir en ramenant quelques vieilles traditions comme le pilori : une structure de bois montée au milieu de la place publique, qui coinçait la tête et les mains du voleur. Pendant plusieurs jours, les habitants pouvaient tirer des légumes pourris au visage du condamné. Mais avouez que même pourrie, une tomate lancée au visage de Lacroix demeure du gaspillage.

Au xixe siècle, les Britanniques expédiaient les malfrats en Australie. Mais depuis, ce coin du monde est devenu une destination de rêve, il ne servira donc plus à rien d'envoyer Lacroix aux antipodes.

Je suggère plutôt qu'on l'envoie aux antipodes de sa réalité. À Saint-Henri, pas dans une maison de transition aux frais des contribuables, mais dans un un et demie délabré, avec vue sur le conteneur à déchets d'un restaurant chinois, bien loin de sa somptueuse maison de rêve (rêve dans le sens «bâtie avec les rêves des autres»!).

Au lieu de petits travaux communautaires pendant quelques mois au profit de la communauté, Lacroix devrait exécuter des travaux au profit des gens qu'il a monstrueusement trompés. Déjà que madame Gignac a vu ses REER dépensés chez Parée par Lacroix, on ne lui demandera pas de payer 50 dollars par semaine l'hiver prochain pour faire déneiger son entrée. Vincent s'en occupera. Même chose pour le gazon de monsieur Touchette, le grand ménage de madame Simard et la peinture de du cinq et demie du couple Barnabé. Bon, je ne nommerai pas les 9196 autres victimes, mais ça devrait occuper notre Vincent pour quelque temps.

Si Lacroix voulait accélérer sa rédemption et faire son chemin de croix plus rapidement, une solution s'offrirait cependant à lui. Comme il est bon avec les chiffres, il pourrait aider ses victimes en remplissant leurs déclarations de revenus. Sans contrevenir à la loi évidemment, je suis convaincu que Lacroix trouverait quelques échappatoires leur permettant des remboursements d'impôts plus avantageux. Et si jamais vous décidiez de tricher, assurez-vous que c'est pour de gros montants, car, au Québec pour l'instant, c'est encore «gros fraudeur, p'tit labeur».

LES 101

Pendant une dizaine d'années, j'ai fait une chronique sur l'actualité à l'émission *Ouvert le samedi* sur les ondes de la radio de Radio-Canada. Il m'est arrivé souvent de prendre la défense de certaines causes. Et chaque fois, j'introduisais le sujet en disant : « Vous me connaissez, toujours prêt à défendre la veuve et l'orphelin... » Alors, il était tout à fait naturel que j'applique mon esprit chevaleresque dans l'écriture de certaines de mes chroniques. J'ai donc regroupé les chroniques qui me touchent le plus et où je tente d'aider mon prochain, pas seulement la veuve et l'orphelin !

• •

M. Hall,

Bravo ! Je me délecte à vous lire. Vos chroniques sont juste assez épicées de cet humour renfermant ce dont nous avons tellement besoin : la compréhension de choses profondes dans un simple sourire.

Merci. Vous faites œuvre utile.

René

• •

Coloscopie 101

Vous avez sûrement vu l'une des publicités de la campagne de sensibilisation au cancer colorectal : «Faites voir vos fesses.»

Pour ceux qui l'auraient manquée, cette campagne vise à conscientiser de façon ludique l'importance des tests de dépistage en montrant, en gros plan, une paire de fesses. Et puisque je suis dédié corps et âme à vous, chers lecteurs et lectrices, pour cette chronique éducative, j'ai *fait voir mes fesses*... à un médecin spécialiste.

Leçon 1 (un peu de théorie). Le cancer colorectal, cancer du côlon ou du rectum, est la deuxième cause de décès par cancer au pays. Et ce, même s'il est grandement évitable et guérissable lorsqu'il est diagnostiqué de manière précoce. D'après les projections, un homme sur 14 et une femme sur 16 développeront cette maladie au cours de leur vie. Bref, un type de cancer très répandu, mais facile à diagnostiquer à l'aide d'une coloscopie.

Leçon 2 (la préparation). En plus d'une interdiction de manger durant les 24 heures précédant votre coloscopie, vous devez vider complètement vos intestins en buvant 4 litres d'un puissant laxatif en 4 heures. Bonne nouvelle : c'est la partie la plus difficile. Pour ceux qui pensaient que le plus douloureux était l'introduction de la caméra, rassurez-vous ! On est loin de la caméra du beau-frère aux noces l'été dernier, la miniaturisation des caméras n'étant pas réservée uniquement aux films de James Bond.

Leçon 3 (la caméra). On l'a dit, elle est petite, de la taille d'un doigt. Mais le plus impressionnant, c'est sa polyvalence. En plus de procurer une vue HD de votre intérieur au médecin, elle lui permet également de faire des biopsies, d'aspirer et de rincer. Un peu plus et elle poserait la nouvelle céramique de votre salle de bain.

Leçon 4 (les préliminaires). Avant le début de la procédure, le médecin vous injecte un cocktail de calmants par intraveineuse afin de rendre votre coloscopie la moins douloureuse possible. C'est la partie la plus agréable de tout le processus. Quelle sensation euphorique! J'ai tout de suite compris l'attrait diabolique de l'héroïne. Je suis passé d'un état d'anxiété élevée à un état «Ooûûûû wow! C'est quoi, ton nom déjà... que je l'ajoute à mon testament?» Dans cet état euphorique près du nirvana, j'ai même dit à l'équipe : «Eh, la gang, s'il y a des annulations demain, je suis disponible!»

Leçon 5 (la procédure). Deux semaines de craintes et d'anticipation négatives pour rien. Ça m'apprendra à écouter le beau-frère avec ses histoires d'épouvante. J'aurais dû m'en douter, c'est comme ses histoires de pêche : au final, c'est toujours moins gros que ce qu'il disait! Dans les faits, c'est une affaire de rien. En moins de temps qu'il en a fallu pour le médecin pour dire : «Prenez une grande respiration, M. Hall», puis «Avez-vous écouté le match hier?», c'était fini... terminé... *over and out!* Moi qui étais sur le point de lui dire : «Ça fait deux semaines que j'ai un chat dans la gorge, ça vous tente pas de monter plus haut pour aller voir?»

Leçon 6 (l'évaluation). Je donne 10/10 à notre système de santé, trop souvent critiqué. Évidemment, c'est sans surprise que le personnel était compétent, avenant et souriant (un merci spécial à Lucie et à Valérie, mes infirmières), l'équipement était à la fine pointe et tout le processus n'a pris qu'un mois!

Leçon 7 (ou leçon de vie). Si vous avez 50 ans ou plus, n'hésitez plus. Aucune excuse ne tient. Rappelez-vous, nous sommes tous égaux devant la maladie : riche ou pauvre, homme ou femme, Noir ou Blanc. D'ailleurs, une coloscopie vous confirmera qu'à l'intérieur nous sommes tous roses.

Savoir-vivre 101

J'ai pris une journée de congé hier. Au programme : déposer les enfants à la garderie, faire une petite séance de magasinage avec ma blonde, dîner au resto, suivi d'une sortie au cinéma. Une occasion idéale pour décrocher et relaxer. Ce fut tout le contraire. Les comportements humains que j'ai observés et vécus ont bousillé notre journée. J'en suis arrivé à me questionner sur l'évolution de la race.

Cela nous a pris des millions d'années pour apprendre à maîtriser le feu, de combien d'années aurons-nous besoin pour maîtriser le mot « merci » ? Si l'homme a fait des progrès hallucinants en ce qui concerne la technologie, son évolution est carrément régressive sur le plan humain. Je suis convaincu que si on installait un homme des cavernes derrière un volant, il serait apeuré par le comportement primitif de l'homme moderne sur les routes. On coupe, on klaxonne, on ne signale aucun changement de voie, bref, on conduit et on se conduit comme si on était seul sur la route. Même lors d'une chasse aux mammouths, il y avait un plus grand respect du décorum.

Et ce comportement sauvage ne se limite pas au volant. Au supermarché, quand on ouvre une caisse supplémentaire, les gens s'y « garrochent » comme les joueurs de rugby des All Blacks de la Nouvelle-Zélande sur leurs adversaires lors d'un match revanche contre l'Angleterre. Les gens sont prêts à passer sur le corps de leur grand-mère pour arriver en premier. Au supermarché comme sur la route, la priorité semble toujours être moi, moi, moi !

Ironiquement, ce sont les avancements technologiques qui nous font le plus reculer sur le plan humain. Dès l'instant qu'un individu porte son cellulaire à l'oreille, le monde autour de lui s'évapore. Soudainement, nous faisons tous partie de sa réunion budgétaire mensuelle avec son collègue de travail. Encore plus étonnant, on respecte ces envahissements sonores, alors qu'au contraire on devrait envahir sa bulle en s'immisçant dans sa conversation... «Hé! les *boys*! Moi, je calcule que vous économiseriez 10 % en frais de communication en résiliant le contrat de cellulaire de notre *chum* ici dans l'autobus, il parle tellement fort qu'il n'en a pas besoin.»

Le problème avec ce type d'intervention, c'est que ça peut engendrer une escalade, comme en voiture, quand tu coupes la personne qui vient de te couper. On a vu souvent des coups de roue dégénérer en coups de poing et même en coups de feu (aux États-Unis, plus de 1200 personnes sont tuées chaque année dans des cas de rage au volant). La violence verbale est tout aussi contre-indiquée puisque, bien souvent, ceux qui souffrent de ces incidents sont les gens autour de nous. De toute façon, on ne change pas le comportement inapproprié d'un individu en criant après. Concentrons-nous plutôt à montrer la bonne conduite (dans tous les sens du mot) à nos enfants.

Je vous propose de faire le contraire de ce à quoi ils s'attendent. Un conducteur pressé tente de vous couper avec insistance? Au lieu de lui montrer un doigt d'honneur, faites-lui un signe de la main courtois l'invitant à passer devant vous. Utilisez la même approche au supermarché quand on ouvre une caisse supplémentaire. Restez zen et dites: «Allez-y! De toute façon, à voir le contenu de votre panier, je comprends que vous vouliez profiter du peu de temps qu'il vous reste à vivre.» J'en conviens, ce dernier exemple est un peu extrême, mais vous comprenez à quoi je veux en venir. Soyez plus courtois que celui qui a commis l'impolitesse. Qui sait, peut-être que votre savoir-vivre s'avérera contagieux? Sinon, nous pouvons nous appliquer à le transmettre de façon héréditaire!

Économie 101

Comme pour la plupart des gens, mes économies ont fondu dans les derniers jours. C'est une perte d'autant plus enrageante que je n'y suis pour rien. Ce n'est pas comme si j'avais investi tous mes avoirs dans une compagnie de crème molle à Kuujjuaq.

En fait, mon petit pactole de REER était dans un portefeuille dit «à faible risque», bien que mon courtier m'ait fortement recommandé d'investir dans des placements «modérément agressifs». Avec l'effondrement des marchés et la quasi-disparition de mes REER, c'est moi qui me sens modérément agressif!

Les six années d'études de mon courtier à HEC Montréal ne lui ont pas permis de trouver un argument moins ésotérique que: «Fais confiance au marché, Champion!» J'avais l'impression de parler avec le gérant des franchisés de comptoir de crème molle pour le Nord-du-Québec.

Alors, même si mes connaissances financières se limitent à avoir géré une *run* de journaux de 12 à 14 ans, j'ai décidé de m'improviser courtier financier. Les risques seront sûrement aussi élevés qu'avec ceux formés aux «Hautes Études», mais au moins, avec moi, c'est gratuit!

Il y a plusieurs écoles de pensée quand vient le temps de gérer ses économies. Il y a d'abord la méthode médiévale: prenez toutes vos épargnes et achetez de l'or. Ensuite, vous enterrez votre magot dans la cour arrière. Seul désavantage: les frais de chiro. Pas à cause de la grosseur de votre magot, mais parce que votre cour arrière est un stationnement à étages en béton armé.

Beaucoup moins contraignant pour le dos: mettez votre argent dans votre matelas. C'est la méthode «Matelas Bonheur». On dit souvent que l'argent est un aphrodisiaque, donc délaissez la pilule bleue pour le billet vert.

Une solution pas mal moins excitante, mais plus sécuritaire : les grandes banques. Mais quand ton taux d'intérêt a plus de zéros après la décimale que tu as de dollars dans ton compte, aussi bien dormir dessus.

Certains experts vous diront d'investir dans l'immobilier. Toutefois, quand c'est rendu qu'un *bachelor* de 250 pieds carrés situé dans un demi-sous-sol avec vue imprenable sur une borne-fontaine dans un quartier adjacent au Plateau se détaille 650 000 $, j'ai plus de chances de faire fructifier mon argent avec ma franchise «Monsieur Pingouin» à Kuujjuaq.

Une méthode qui, à première vue, semble risquée : investir dans des billets de Loto-Québec. Même avec des probabilités de rendement de 1 sur 14 millions, avec l'état du marché actuel, tu as plus de chances de rentrer dans ton argent.

Pour ceux qui n'ont pas un gros capital à investir, je leur suggère une méthode originale, mais qui représente son lot de risques. Brûlez un billet de 50 $ devant un agent de la GRC. Comme c'est une offense fédérale, vous vous retrouverez en prison. Ce qui donne un très bon rendement sur votre investissement. Pour 50 $, vous serez logé et nourri pendant trois mois.

Vous pourriez également investir votre argent dans la culture. Il n'est pas nécessaire de viser la nouvelle salle de l'OSM, mais plutôt un niveau moins élevé... le niveau métro. Donnez 5 $ au pseudo-violoncelliste de la station Crémazie (ou au musicien poche de votre choix) et rendez un homme heureux. Donnez-lui 50 $ pour qu'il range son instrument et rentre chez lui, et rendez des centaines de gens heureux. Vous ne serez certainement pas plus riche, mais votre capital de sympathie va augmenter de façon exponentielle.

Diplomatie 101

Vous me connaissez déjà un peu, chers lecteurs. Ça fait quand même quelques mois qu'on se côtoie. Moi, sympathique Anglo (modeste bien sûr) qui essaie de voir l'actualité avec un œil rieur et parfois moqueur, des grands accommodements raisonnables aux petites frustrations de la vie quotidienne... Et je vous dirais que ce que vous lisez de moi, c'est assez fidèle à ce que je suis.

Quoi qu'il en soit, ce qui m'est arrivé aujourd'hui est l'un de ces petits événements en apparence anodins qui surgissent dans nos vies quotidiennes et qui viennent nous rappeler les plus grandes questions de l'heure.

J'étais au comptoir, attendant de payer tout en essayant d'avoir l'air intéressant, quand toute la tension qui peut exister entre Français et Anglais, locaux et immigrants, ou entre deux femmes qui décident qu'elles ne s'aiment pas, m'a sauté au visage.

Me voilà donc dans mon supermarché de quartier à NDG (je l'avoue, en bon fils que je suis, je faisais une petite commande pour ma maman). À moitié endormi, j'arrive à la caisse pour payer, et c'est là que l'explosion survient. Pas un kamikaze d'Al-Qaïda qui venait de faire exploser sa charge, même si en écoutant les cris on aurait pu croire que c'était le cas. Pire. Une dame du quartier, bien nantie en argent et en cordes vocales (appelons-la *Bitch*), a littéralement explosé en paroles devant la caissière. La petite caissière était bouche bée devant l'attaque surprise de madame B et regardait, éberluée, la «*bitch* à retardement» se consumer. Avant de juger madame B, écoutez les chefs d'accusation, parce qu'ils sont sérieux. Apparemment, la p'tite caissière avait fait tomber le café de madame. Mais pas n'importe quel café! C'était un «grande latte macchiato avec pas trop de mousse et du 1 %, svp». Clairement, notre caissière était dans le tort le plus profond, selon madame B, qui avait posé son gobelet sur la courroie roulante de la caisse. La riche *bitch* exigeait des excuses. Elle ne demandait pas la lune, seulement des excuses, et dans sa langue («*Can't you people speak english !*»). La caissière ne l'entendait pas ainsi. Le ton montait, les griffes sortaient. L'affaire risquait de déraper, hors de contrôle. D'autant plus que la p'tite caissière, ayant enduré toute l'explosion de madame B. sans broncher, avait son voyage et que les seuls mots d'anglais qui sortaient de sa bouche étaient des insultes. Les deux solitudes étaient sorties de leur coin, et ça sentait plus le combat de boxe que la douce odeur de la réconciliation aux arômes de café frais moulu.

Eh bien, vous connaissez votre Christopher, bâtisseur de ponts comme pas un, réconciliateur de cœurs brisés, diplomate en herbe ! J'ai couru à la rescousse des deux belligérantes. Ça n'a pas été long, j'ai frappé un mur, ou plutôt c'est le mur qui m'a frappé.

Les deux ennemies se sont unies pour me ramasser plus vite qu'un attaquant des Bruins en zone du Canadien. Ce n'était pas beau à voir. Je me sentais comme un raisin écrasé sous une roue de chariot. L'Afghanistan, c'est rien. Deux femmes qui se crêpent le chignon, c'est dangereux. Après ça, je vous avoue que mon respect pour les commissaires Bouchard et Taylor a décuplé. Petite suggestion cependant pour madame *Bitch* : réduisez le café pour quelques semaines...

La Saint-Valentin 101

Hier soir, vers 18 h, je rentrais à la maison, totalement inconscient du danger qui m'attendait. C'est en arrivant au coin de la rue que ça m'a frappé : il y avait une file d'attente de 25 personnes devant le fleuriste, et c'étaient tous des gars. «C'est la Saint-Valentin!» J'avais deux choix : changer d'identité et m'enfuir en Amérique centrale, ou faire la file. Malheureusement, mon passeport est échu, et la file d'attente à Passeport Canada est pas mal plus longue.

Je n'ai donc eu d'autre choix que de faire la file devant le fleuriste. Et ça m'a donné le temps de concocter ce guide, pour que l'an prochain je ne sois pas à nouveau derrière 25 piteux à poireauter devant le fleuriste (je me connais, c'est sûr que je vais encore me retrouver dans la même situation).

Règle n° 1. Assume. Tu as oublié, c'est tout! Fais un homme de toi : pleure, mets-toi à genoux et implore son pardon. Ne sous-estime jamais le pouvoir d'une larme.

Règle n° 2. L'erreur que la majorité des hommes font, c'est de penser naïvement qu'avec un simple bouquet de fleurs ils règlent le dossier. Ne prends aucun risque : achète des fleurs, du chocolat, de la lingerie fine et n'oublie pas le souper au restaurant.

Évidemment, tu ne donnes pas tout ça d'un seul coup... Après cinq minutes, elle dirait : «C'est tout?!» Alors, commence par les fleurs. Et les fleurs sont assurément un incontournable. La question n'est pas oui ou non, mais plutôt : 30 ou 50 $?

Et sur la carte attachée au bouquet, inscris le nom du restaurant où tu l'amènes.

D'ailleurs, petite mise en garde à propos du choix du restaurant : ne réserve pas à un endroit où tu as l'habitude d'aller sans madame. Ça part mal un souper de la Saint-Valentin quand le maître d'hôtel t'accueille en disant : « Madame n'est pas avec vous ? »

Pour ce qui est du chocolat, c'est au dessert que tu le fais apparaître. Probablement qu'elle va rétorquer : « Chéri, tu n'aurais pas dû, ma ligne ! » C'est là que tu sors l'artillerie lourde, c'est-à-dire la lingerie fine, et que tu lui dis : « Justement, je t'ai acheté un *ensemble sport* pour dépenser toutes ces vilaines calories. »

Pour les personnes seules qui pensent que la Saint-Valentin ne s'applique peut-être pas à elles, détrompez-vous. En fait, la Saint-Valentin est le soir idéal pour se trouver une blonde, car comme il y a bien des gars qui ne suivront pas mes conseils, il y aura plusieurs filles qui auront rompu avec leur *chum* et qui seront en quête d'une épaule pour les consoler.

Et pour les hommes en difficulté, suivez mon guide, vous éviterez ce qui m'est arrivé hier soir ; le gars qui se trouvait devant moi dans la file chez le fleuriste a acheté la toute dernière fleur du magasin. Il ne restait même pas un bout de fougère sur lequel je pouvais me rabattre. Mais je suis débrouillard, j'ai fait des recherches et j'ai trouvé pour ma blonde un beau gros bouquet de roses que nous allons chercher ensemble la semaine prochaine... à Cuba !

Halloween 101

L'enfant en moi est excité au maximum, c'est l'Halloween dans deux dodos! D'autant plus que depuis l'arrivée de mes enfants, j'ai finalement une excuse pour me déguiser à nouveau.

Ce qui est génial avec l'Halloween, c'est que c'est une fête païenne, donc inclusive. Peu importe vos origines ethniques ou vos croyances religieuses, tous sont les bienvenus à cette fête des morts. Et au lieu d'aller au royaume de Dieu (celui de votre croyance), nous allons au royaume des bonbons. Malheureusement, comme toutes les autres fêtes, l'Halloween est devenue beaucoup trop commerciale. Pour bien des gens, cela se résume à acheter chez Costco un costume de Spiderman ou de vampire (fabriqué en Indonésie par des enfants... pour des enfants. Je vous laisse le soin de deviner lesquels recevront des bonbons et lesquels seront payés en *peanuts*) pour ensuite récolter le maximum de bonbons dans le plus court laps de temps possible.

Pourtant, fabriquer un déguisement avec son enfant est tellement plus amusant, et moins onéreux. Cela vous permet de développer l'imagination de votre enfant (et réveiller la vôtre), et comme activité parent-enfant, cela change des devoirs. Voici quelques suggestions pour ceux qui sont à court d'idées.

L'un des costumes les plus *hot* cette année sera sans l'ombre d'un doute celui du saint frère André[6]. Raison de plus de le fabriquer soi-même, il n'est pas en vente dans les magasins. Avec la popularité dont jouit notre saint national, votre récolte sera miraculeuse. Et puisque frère André était portier, aucune porte ne vous résistera. Pour ce qui est de la

---

6. Le 17 octobre 2010, le frère André a été reconnu officiellement comme saint par l'Église catholique romaine.

fabrication, rien de plus simple. Un grand col roulé noir avec un carré de tissu blanc collé sous le menton.

Un autre costume qui vous assurera une récolte fructueuse, avocat. Encore une fois, il est assez facile de le fabriquer : un morceau de tissu noir trafiqué en toge pour l'occasion, que vous complétez d'une boucle blanche. Pour ceux qui demeurent dans la circonscription de Jean Charest, collez un *post-it* avec l'inscription PLQ. Qui sait, si, au lieu de prendre des bonbons chez M. Charest, vous lui en laissez, vous pourriez revenir à la maison avec une nomination de juge.

Un autre costume devenu populaire dernièrement par Jimmy d'*Occupation double*, pompier. Évidemment, cette suggestion est destinée aux adultes, car si vous faites comme Jimmy et que vous enlevez votre costume, au lieu de bonbons, vous courez la chance de récolter des 10 $.

Mais le meilleur costume en cette Halloween 2010 demeure le niqab, le voile intégral. Encore une fois, c'est très facile à fabriquer : un grand bout de tissu noir avec une fente pour les yeux. Le plus merveilleux, c'est qu'une fois que vous avez repéré les maisons les plus généreuses, vous pourrez y repasser jusqu'à épuisement des stocks car vous ne pourrez pas être reconnu.

À l'Halloween, on veut créer une fausse peur afin de recevoir des bonbons, et non une vraie peur et recevoir une citrouille sur la tête. C'est pour cela que vous devriez éviter le costume de policier, surtout si vous habitez Montréal-Nord.

Si vous habitez le quartier de Pauline Marois, je vous conseille d'oublier le déguisement de fantôme, elle pourrait penser que c'est Bernard Landry ou un ancien collègue ministre qui désire une fois de plus déranger son sommeil.

Pour ce qui est de ma soirée d'Halloween, au lieu d'un sac pour recueillir les bonbons, j'aurai une boîte à dons pour Haïti (d'ailleurs, je vous encourage tous à donner pour l'Unicef). Pour amasser un maximum d'argent, j'avais pensé me déguiser en frère André. Mais je voulais quelque chose d'encore plus miraculeux. Quelque chose que les gens ne s'attendent vraiment pas à recevoir chez eux : un médecin de famille. Et j'espère, à mon retour à la maison, réaliser un second miracle, convaincre ma blonde de porter le costume d'infirmière !

Environnement

L'environnement est devenu un sujet incontournable. Si on ne se pré-occupe pas de notre planète, elle va s'occuper de nous. Cela représen-tait pour moi un beau défi de parler du réchauffement de la planète, du gaz à effet de serre, de la fonte de la calotte polaire, du cancer de la peau... d'un ton rieur sans être moralisateur ! Bon... étant fils d'un pas-teur protestant, le côté moralisateur ressort malgré moi à quelques re-prises.

• •

Bonjour, Christopher,

Génial, ton article sur l'espèce humaine ! Enfin quelqu'un dans les médias qui affirme que nous sommes une bande de primates. Le «chacun pour soi» résume qui nous sommes. Des fois, on devrait prendre l'exemple sur les animaux !

Meilleures salutations et bravo !

Carl

• •

Planète B

Quitte à passer pour un optimiste insouciant, j'avoue voir une bonne nouvelle derrière le désastre environnemental dans le golfe du Mexique[7]. En effet, cette catastrophe pourrait finalement nous faire réaliser que si nous continuons d'être exagérément énergivores, nous finirons comme les dinosaures.

Contrairement aux désastres naturels, cette fuite massive de pétrole est une conséquence directe de l'activité humaine. Nous n'y pouvons rien quand il s'agit de sautes d'humeur de dame Nature. Que ce soit un tremblement de terre, une éruption volcanique ou un tsunami, nous ne pouvons réagir qu'une fois le mal fait. Et le fait de voir l'humanité se solidariser afin de venir en aide aux sinistrés, peu importe qui ils sont, où ils sont et de quelle couleur ils sont, cela donne espoir en l'espèce humaine. Toutefois, dans le cas de cette fuite de pétrole, nous sommes tous de la même couleur : noir gluant.

S'il est vrai que le bris de la conduite relève d'une négligence de British Petroleum (BP), ultimement, cette compagnie ne faisait que répondre à la sacro-sainte règle de l'offre et de la demande. Nous, les consommateurs, voulons et exigeons de l'essence... et pas cher évidemment! Alors, les pétrolières réduisent leurs dépenses (en sécurité bien

---

7. Le 20 avril 2010, une explosion s'est produite à la plate-forme pétrolière *Deepwater Horizon* générant un incendie, puis une marée noire de grande envergure avec une estimation moyenne de 780 millions de litres répandus avant que la fuite soit colmatée le 19 septembre, soit quatre mois plus tard!

avant les ristournes aux actionnaires) pour répondre à notre demande. Résultat : nous faisons face aujourd'hui à un désastre d'une ampleur sans précédent, et avec des répercussions dévastatrices pour des décennies à venir.

Et ça ne donne rien d'accuser BP, car le pétrole nous coule tous au bout du doigt. Par conséquent, nous devrions nous impliquer dans le nettoyage de cet accident.

Vous pouvez vous rendre en Louisiane avec une bouteille de Palmolive pour laver une demi-douzaine de pélicans si ça vous chante. Par contre, je préconise d'autres solutions afin d'éviter des désastres similaires dans le futur. Parce qu'il va y en avoir d'autres, c'est évident. Notre appétit insatiable pour l'énergie fossile (à ne pas confondre avec facile, car justement, elle est de moins en moins facile à extraire) nous oblige à nous rendre de plus en plus loin pour aller la chercher. Dans le passé, un Texans n'avait qu'à donner un coup de pioche dans le sol pour que le pétrole jaillisse. Aujourd'hui, il faut nous rendre au plus profond des mers ou traiter les sables bitumineux de l'Alberta pour trouver les dernières gouttes de cet or noir. Son extraction devient donc de plus en plus coûteuse et polluante.

Malheureusement, c'est seulement quand les catastrophes écologiques se transforment en psychodrames économiques que nous passons à l'action. Et c'est d'autant plus irresponsable d'utiliser une énergie sale, quand nous savons qu'il existe des options plus propres. C'est bien simple : « Énergie propre égale planète propre. »

Passer de l'énergie produite par le charbon à de l'énergie produite par le pétrole est un pas dans la bonne direction. Toutefois, passer du pétrole à l'hydroélectricité est encore mieux. Il existe cependant une solution supérieure : l'huile de coude. Et ce carburant est facile à trouver. C'est une énergie propre, renouvelable et, en plus, elle nous garde en forme. Par exemple, passer de l'auto à l'autobus, c'est bon, mais passer de l'autobus au vélo, c'est encore mieux. Je ne vous suggère pas de sauter sur votre vélo en plein hiver, mais le covoiturage peut être tout à fait approprié. Et à cinq par véhicule, on réchauffe moins la planète et plus l'intérieur de la voiture. En outre, si jamais vous êtes pris dans un banc de neige, vous avez à bord une impressionnante réserve d'huile de coude pour pousser le véhicule. En tout cas, nous avons grandement intérêt à développer un plan B, car il n'y a pas de planète B.

La fin du monde... Voyons donc!

Le Sommet des Nations unies sur les changements climatiques à Copenhague approche à grands pas. Et même si 99,97 % des scientifiques du monde s'entendent pour dire que les changements climatiques sont réels et que la survie de la planète dépend de la volonté de tous les pays à réduire de façon draconienne leurs émissions de gaz à effet de serre, nous restons de glace.

Le problème, c'est que ces changements climatiques, nous en avons lu les grandes lignes dans les journaux, nous en avons vu les conséquences à la télé, mais nous ne les avons pas encore vécus. De toute évidence, nous ne réagirons que lorsque nous serons dans l'eau jusqu'au cou, avec une température de 42 °C en janvier. En ce sens, je pousserais plus loin la maxime d'Yvon Deschamps : «On veut pas le savoir, on veut le voère» en disant : «On veut pas le voère, on veut le vivre!»

D'ici là, tout semble normal. Les feuilles sortent au printemps et tombent à l'automne, et les fleurs ne poussent pas encore l'hiver. N'ayant pas expérimenté les scénarios apocalyptiques que nous prédisaient les scientifiques, il n'est pas surprenant que la majorité de la population ne soit pas trop préoccupée face aux changements climatiques. Pour l'instant, nous sommes plus tourmentés par : Vacciné ou non[8]? Commission d'enquête ou non? Coupe Stanley ou on ne fait même pas les séries!

Qui plus est, qui pourrait nous blâmer d'être insouciants quand notre premier ministre ne fait pas de l'environnement une priorité? Pourtant, en tant que chef d'État, Stephen Harper est sûrement mis au courant des plus récentes études sur le sujet. Il faut dire que ta perception est biaisée quand ton ministre des Sciences et Technologies est création-

---

8. Ce texte a été écrit à l'époque de la crise du H1N1.

niste. En effet, les créationnistes, comme le ministre Garry Goodyear, croient que la terre fut créée en 6 jours il y a 5947 ans, et que, par le fait même, les hommes ont côtoyé les dinosaures. Je suis convaincu que Goodyear pense que les *Pierrafeu* sont un documentaire sur la vie de l'époque.

De toute façon, la température du globe peut bien monter de 2 °C. Pour que les politiciens réagissent, il faut qu'ils sentent la soupe chaude. Et ce n'est que nous qui pouvons agir en ce sens. Mais pour cela, encore faut-il que nous soyons convaincus de l'urgence de la situation.

Or, nous avons l'insouciance d'un ado face aux ITS. On a lu le dépliant explicatif à propos de la gonorrhée, on a vu la vidéo implicite lors de la tournée des classes de l'infirmière de la polyvalente, mais c'est seulement quand ça commence à chauffer dans la région sub-ceinture que nous réagissons en conséquence.

Peut-être que nous constaterions l'urgence de la situation pour notre planète si notre environnement changeait soudainement. J'ai une petite expérience à vous proposer. (Soyez sans crainte, je ne vous suggère pas de sortir et de contracter une ITS!)

Passez 24 heures dans votre maison en modifiant artificiellement l'environnement intérieur. Augmentez les thermostats au maximum, invitez tous vos amis fumeurs à passer la journée et à fumer partout dans la maison, avec comme seule boisson l'eau de vaisselle. Vous n'avez pas le droit d'ouvrir les fenêtres et vous ne pouvez atténuer le désagrément en buvant de la bière. Parce qu'à ce moment-là, ce serait simplement une soirée de hockey normale: plein de monde, plein de fumée, trop chaud et trop de gars chauds!

Frapper un mur

C'est cette semaine que se tient la conférence sur le climat à Cancún. Considérant le peu de changements qui ont été apportés à la suite des conférences de Copenhague, Kyoto et Montréal, on comprend pourquoi les experts disent de Cancún que c'est «la conférence de la dernière chance».

Si je regarde l'impact que la conférence de Cancún a dans les médias et auprès de Monsieur et Madame Tout-le-Monde, je serais très surpris qu'il y ait une réelle prise de conscience après Cancún. Les experts nous disent qu'avec le rythme actuel de notre surconsommation, nous nous dirigeons vers un mur à 200 km/h. Et on ne parle pas d'un petit mur en mousse de polystyrène comme ceux de l'émission *Le mur* animée par Benoît Gagnon! Par contre, les spécialistes nous assurent que la situation n'est pas sans issue. Cependant, pour éviter la catastrophe, il faudrait réduire notre vitesse à 75 km/h. Et quand on parle de catastrophe, on ne parle pas d'une fin du monde apocalyptique et soudaine comme dans le film *2012*. La terre n'explosera pas de l'intérieur, nous ne connaîtrons pas non plus des centaines de tremblements de terre et de tsunamis simultanés. Nous nous dirigeons plutôt vers une mort lente et suffocante comme celle d'une personne fumant trois paquets par jour, qui meurt péniblement, à petit feu, d'un cancer poumon-gorge-larynx s'éternisant sur trois ans.

Toutefois, comme le fumeur invétéré qui n'écoute pas les avertissements de ses médecins, nous ne sommes pas prêts à écraser. Sans réaliser qu'en 20 ans nous sommes passés d'huile à bronzer à crème antibronzage. Pourquoi réduirions-nous notre vitesse? Tout va bien! Le réchauffement de la planète n'est pas si grave que ça. Après tout, ça nous donne des hivers plus cléments.

Il est vrai qu'en passant d'une température moyenne de −10 °C à −8 °C en janvier, nous avons moins de neige à pelleter. Le problème, c'est qu'avec une température estivale moyenne au pôle Nord allant de −1 °C à 2 °C, nous passons de cube de glace à flaque d'eau. Je ne sais pas pour vous, mais je préfère de loin pelleter quatre pieds de neige dans mon entrée plutôt que d'écoper de deux pieds d'eau dans ma cave.

Malheureusement, nous ne voyons pas les dangers écologiques, seulement les possibilités économiques. Très bientôt, même le pire des vendeurs pourra se vanter d'être «capable de vendre un frigo à un Inuit»! C'est cette même logique commerciale qui guide notre gouvernement. La preuve, la semaine dernière, le gouvernement Harper louait les services du brise-glace *Amundsen* de la garde côtière aux compagnies pétrolières Esso et BP pour faciliter l'exploration de la mer de Beaufort. C'est comme si, pour le bal de finissants de votre belle grande fille de 16 ans, vous lui engagiez Dave Hilton comme garde du corps.

Par contre, il n'y a pas seulement le gouvernement à blâmer. Le réchauffement de la planète affecte tout le monde, cela doit donc être réglé par tout le monde. Et cette fois-ci, on ne peut pas simplement blâmer les générations précédentes. C'est vrai que ce n'était pas génial de la part de mon grand-père de fumer dans l'auto avec ses six enfants non attachés. Pour sa défense, il était inconscient des dommages causés par ses comportements. Cependant, une fois qu'on connaît pertinemment tous les dangers inhérents à un comportement et qu'on les répète, cela devient criminel.

La vaste majorité d'entre nous attachent leurs enfants dans l'auto. Mais nous refusons de réduire notre consommation et, par conséquent, notre vitesse. Nous sommes peut-être bien attachés, mais quand nous heurterons le mur, ce n'est pas Benoît Gagnon qui va nous sortir de la voiture, mais saint Pierre.

Fait pour briser

Comme la moitié de la province, j'ai profité de la fête du Canada pour déménager. Pour ce faire, j'ai loué une remorque pour les meubles, et un camion de 26 pieds pour toutes les cochonneries accumulées au fil des ans.

En effet, jusqu'à mardi minuit, je possédais un vaste sous-sol de 840 pieds carrés rempli jusqu'au plafond avec trois radios-réveils, quatre lampes de chevet, un aspirateur d'auto, deux grille-pain, un mini four, un ensemble de trois *walkie-talkies* et demi, et un *frigidaire pas branché avec un bout de bois pour tenir la porte entrouverte*. Et ça, c'était juste ce qui se trouvait sous l'escalier.

Le point commun de tous ces objets : ils ne fonctionnent plus. De prime abord, on pourrait se demander : «Pourquoi garder tout ça si c'est brisé?» Je vous dirais que c'est un mélange d'orgueil et d'optimisme. Mon homme intérieur est convaincu qu'il est capable de réparer ces objets-là... à un moment donné.

Toutefois, en refermant la boîte numéro 34 de la section B12 (vulgairement désignée par ma blonde comme le tas à côté du chauffe-eau), j'ai constaté que la lampe que je venais d'y empaqueter n'avait été achetée que trois mois auparavant.

C'est là que j'ai compris : une très grande majorité des produits qu'on achète sont faits pour briser, du radio-réveil au grille-pain en passant par l'automobile. Je suis convaincu que toutes les compagnies ont un service appelé «Assurez-vous que ça pète dans *x* temps».

En fait, pour déterminer l'espérance de vie de n'importe quel appareil, prenez la durée de la garantie... et additionnez deux jours.

Par contre, nous sommes tellement habitués à ce genre de magouille que nous ne protestons même plus, nous en achetons un autre et nous rangeons l'original dans le sous-sol pour le réparer... à un moment donné. Parce que toi, le plouc, tu penses que tu vas être capable de réparer une simple lampe qu'une équipe d'ingénieurs a conçue non pas pour éclairer, mais pour briser. J'en ai des exemples plein la cave (méchamment appelée par ma blonde la *dump*). Comme le fameux balai à neige rétractable Oskar qui va durer six mois... si vous l'achetez en mai. Dans l'annonce, il fonctionne à merveille avec de la neige de studio, mais au premier contact avec de la vraie neige, il éclate en morceaux.

Que dire de cet aspirateur de type « 3 paiements faciles de 39,95 $, commandez maintenant et recevez-en un deuxième gratuitement » que j'ai vu l'autre jour à la télé ? Pourquoi un second appareil, si le premier est si efficace ? Parce qu'ils savent très bien que le premier va péter six heures après le dépôt du dernier paiement.

Le scénario est encore plus machiavélique avec les voitures. Elles sont construites pour se désagréger de façon graduelle. Au début, ce sont de petites affaires comme les essuie-glaces et un feu arrière. Ça passe. Cependant, la fréquence et la gravité des bris augmentent, au point où, à la fin du bail, tu es bien content de t'en débarrasser et de louer une voiture de l'année. Ce qui fait qu'au lieu d'avoir une automobile qui fonctionne décemment pendant 10 ans, tu en auras trois dans cette même période. Ce qui nous mène à un rythme de consommation effréné, réduisant notre planète à un sac poubelle.

Le problème, c'est que lorsque la terre va être aussi remplie que ma cave, il n'y aura pas un autre logement de 67 milliards de pieds carrés, chauffé, éclairé, avec eau courante et vue sur le parc.

Grand ménage du printemps

C'est à l'ombre que les derniers bancs de neige résistent aux assauts du printemps. Pendant ce temps, les bourgeons apparaissent... ainsi que tous les déchets et les crottes de chien. Dans bien des quartiers, la ville ressemble à un dépotoir à ciel ouvert, au point où je souhaiterais une mégatempête de neige pour recouvrir le tout.

Au moins, il y a les affiches électorales pour apporter un peu de couleur dans le paysage. Bien sûr, les graffitis aussi apportent de la couleur, mais ils sont plus difficiles à enlever qu'une affiche électorale. Évidemment, tout le monde attend que la ville fasse le ménage. Sauf que les papiers qui traînent dans nos ruelles et les cadeaux des chiens qui garnissent la pelouse de nos parcs ne proviennent pas de notre conseiller municipal ni du maire. De toute façon, à Montréal, le maire est déjà passablement occupé avec son propre grand ménage du printemps à la mairie[9]. Et je ne l'envie pas, je balaierais ma ruelle au complet avec ma brosse à dents, plutôt que de m'attaquer au ménage de la mairie.

Et il ne faut pas non plus attendre que les cols bleus fassent tout le boulot à eux seuls. Gardez vos sarcasmes du genre : «On le sait ben, ils dorment tous dans le *truck* !» Rien n'est plus faux, il n'y a de place que pour deux. Sérieusement, même si tous les cols bleus travaillaient sans relâche jour et nuit, ils n'arriveraient pas à terminer le ménage avant la mi-juillet. En fait, ils le pourraient, mais pour cela il faudrait arrêter de nous servir de nos rues et ruelles comme dépotoirs, et de nos parcs comme litières à chiens. De toute évidence, la responsabilité nous incombe. C'est comme le lendemain de votre party du Super Bowl avec vos amis, vous ne demandez pas à votre mère de faire le ménage pour vous. C'est à vous de rouler le gros Dubeau jusqu'au bord du chemin !

---

9. Les révélations de la commission Charbonneau nous ont confirmé à quel point la ville avait besoin d'un grand ménage.

Au mieux, votre mère peut vous fournir des balais et des sacs de plastique vert.

Et c'est exactement ce que la ville fait. Pour leur part, les citoyens devraient s'unir pour nettoyer une section de leur rue ou ruelle. La ville vous fournira balais, pelles et sacs. Pour plus de détails, les résidents de Montréal peuvent appeler Accès-Montréal (en signalant le 3-1-1 ou sur le site Internet www.ville.montreal.qc.ca); pour les autres, adressez-vous à votre municipalité pour savoir s'il existe un programme similaire. Sinon, il ne tient qu'à vous de faire le ménage de votre mairie aux prochaines élections municipales.

Ce genre d'activité de voisinage est bénéfique sur plus d'un plan. C'est une excellente activité familiale qui permet de conscientiser nos enfants en leur démontrant comment notre ruelle est un microcosme de notre planète : «Tu vois, garçon, toutes les cochonneries autour de la maison de Doug...» «Tu veux dire le Gros Johnson, papa?» «En effet, eh bien lui, avec tout qu'il produit comme déchets, on peut dire qu'il représente les Américains.» Cette activité printanière peut vous permettre également de mieux connaître vos voisins. Vous constaterez que ceux qui jettent le plus sont souvent ceux qui nettoient le moins. Et j'ai une pensée particulière pour les propriétaires de chiens. Je sais que la production de votre pitou est biodégradable, mais celle de mes enfants l'est également et je ne leur permets pas pour autant de faire cela sur votre gazon!

Donc, si tout le monde y met du sien, nous devrions avoir une ville propre d'ici quelques semaines. Et le 2 mai[10], quand les feuilles et les fleurs auront coloré la ville à nouveau, il ne restera plus qu'à enlever les affiches électorales. Quoique, si la tendance des dernières élections se maintient, il soit préférable de les laisser en place, car il y en aura d'autres avant longtemps.

---

10. Le 2 mai 2011, journée d'élections fédérales.

Famille

La famille québécoise a bien changé au cours des dernières décennies. Toutefois, elle demeure tout aussi importante. Certes, elle ne fait pas l'actualité avec un grand A comme la politique, l'environnement ou l'économie, mais elle fait partie de notre quotidien. Et en tant que chroniqueur du quotidien, je n'ai pas pu passer à côté. Depuis que j'ai moi-même une famille, mon regard sur l'actualité a changé considérablement!

· ·

Vous nous faites souvent éclater de rire en famille, vous êtes notre « rayon de soleil » hebdomadaire.

Lise

· ·

Journée de la famille

Lundi dernier, les résidents de cinq provinces canadiennes ont eu droit à une fin de semaine de trois jours grâce à la Journée de la famille. Il y a quand même des fois où j'aimerais être un *Canadian*!

Au Québec, on ne célèbre pas la Journée de la famille, car comme le justifie la porte-parole de la ministre de la Famille : «Nous préférons investir dans la famille, et c'est par un panier de services qu'on le fait.» Merci pour les services, Madame la Ministre, mais dans le cas présent, je ne veux pas un service, je veux une fête, une célébration. Si, à la Saint-Valentin, on dépense des millions pour célébrer les conséquences des tirs de flèches du p'tit gros joufflu en couche, on peut bien fêter les résultats des ébats qui s'ensuivent. Ce ne sont pas toutes les soirées de la Saint-Valentin qui finissent avec la création d'une famille, mais il reste que la famille est à la base de notre société, et cela mérite d'être souligné en grand.

Même si j'ai grandi dans une famille de quatre enfants, ce n'est que lorsque j'ai eu les deux miens que j'ai véritablement compris l'ampleur de la tâche – des tâches, devrais-je plutôt dire –, car, en tant que parent, vous devez être négociateur, animateur, nutritionniste, concierge, chef cuisinier, psychologue, banquier, sexologue et, éventuellement, déménageur! Mais votre travail ne se terminera pas là, parce que si vos parents sont des *boomers*, soyez assurés que vos enfants seront des boomerangs... ils reviendront.

Malgré l'amplitude des responsabilités, la famille demeure l'une des plus grandes sources de joie qui soient. Et c'est pour cela qu'il faut la célébrer. Et comme on est au Québec, on devrait faire cela différemment ! Comme les autres provinces, on maintient la fête un lundi, dans le but d'avoir nous aussi une longue fin de semaine, mais au lieu d'organiser des activités en famille, on donne un répit à toutes les familles. Pour ce faire, les enfants seraient pris en charge par un membre de la famille sans enfant, libérant ainsi les parents pour la journée. On fait d'une pierre trois coups : on donne une pause aux parents, on conscientise les autres aux tâches titanesques du rôle des parents et les enfants apprécient leur cellule familiale. En tout cas, après 24 heures avec oncle Alex, les miens vont apprécier le dévouement de leur papa. Par contre, après une journée en compagnie de mes rejetons, le beau-frère ira probablement se réfugier au monastère, quoique cela ne puisse être qu'une bonne nouvelle pour le patrimoine génétique !

«Envoye dans ta chambre!»

C'est aujourd'hui le 20 novembre et on célèbre la Journée mondiale de l'enfance. Date qui marque également l'anniversaire de l'adoption par l'Assemblée générale de l'ONU de la Déclaration des droits de l'enfant en 1959 et de la Convention relative aux droits de l'enfant signée en 1989. Une journée pour l'enfance, c'est bien... mais 365 journées consacrées aux enfants seraient mieux!

Au départ, il faut dire que c'est inquiétant d'avoir une journée dévouée à la cause des enfants. À coup sûr, cela signifie que quelque chose ne va pas. Je pense à la Journée de la femme, à la Journée des personnes handicapées, à la Journée de la terre, à la Journée sans voiture. Imaginez comment nous avons du rattrapage à faire vis-à-vis des secrétaires qui se sont vu attribuer une semaine complète! Et pensez maintenant à quel point nous avons à nous déculpabiliser par rapport aux Noirs, dont chaque mois de février a été déclaré le Mois de l'histoire des Noirs.

Je me questionne à savoir si cela apporte des modifications dans nos comportements. Ces journées de sensibilisation nous font-elles passer à l'action, ou nous permettent-elles seulement de nous déculpabiliser? La Journée sans voiture en est un excellent exemple. Bien des gens se donnent bonne conscience en laissant leur voiture à la maison le 21 septembre, mais combien d'entre eux continuent à se rendre au travail en voiture après avoir expérimenté le transport en commun cette journée-là?

Certains diront qu'il faut bien commencer quelque part et que dans de nombreux pays les enfants ne sont qu'une main-d'œuvre économique dont on abuse sans vergogne. D'accord. Et d'accord aussi pour commencer quelque part... par exemple, chez nous! En 1989, 1 enfant sur 5 au Canada ne prenait pas de déjeuner. En 2009, 20 ans après que Brian Mulroney eut coprésidé le sommet menant à la signature de la Convention relative aux droits de l'enfant, la proportion est toujours la même!

Harmonium chantait: «On a mis quelqu'un au monde, il faudrait peut-être l'écouter... ta-di-li-da / da-da-a-a», je surenchéris en écrivant: «On a signé une convention, il faudrait peut-être l'appliquer... ta-di-li-da / da-da-a-a.»

Faisons un parallèle avec le monde du travail. On a beau avoir signé avec nos enfants la meilleure des conventions collectives, ça ne donne rien si l'état de l'entreprise qu'on leur lègue est lamentable.

À propos, on apprenait cette semaine que le Québécois moyen produit plus de 810 kilos de déchets individuellement par année. (Cela n'inclut sûrement pas toutes les fois où ma voisine éjecte à la rue son *chum* qui, malheureusement, ne peut pas aller au recyclage, car comme elle dit: «C'est une pourriture! Y'é irrécupérable!» Ce à quoi je lui ai répondu: «Justement, Roxanne, si c'est une pourriture, envoie-le au compostage.»)

D'un autre côté, il ne faut pas oublier que les droits viennent avec des responsabilités, comme celle de ranger sa chambre. Mais encore là, c'est plutôt hypocrite de notre part d'exiger de nos enfants une chambre immaculée, car avec nos 810 kilos de déchets, nous ne sommes même pas capables de garder notre planète propre. À cela, il faut ajouter un autre aspect dévastateur de l'héritage qu'on laisse à nos enfants, une dette nationale titanesque. À la naissance, chaque poupon québécois est endetté de 16 336 $, méchante «prime de départ»! Bonne journée, les enfants, profitez-en, parce que demain...

Tout est politique

Vous pensiez avoir un répit de la politique maintenant que l'élection de lundi est terminée[11]? Détrompez-vous!

D'ici peu, nous aurons une course à la direction de l'ADQ. De plus, des élections fédérales sont possibles, puisque le gouvernement conservateur risque de tomber à la fin janvier, et avec la faible majorité des libéraux de Charest, on est à deux transfuges et une crise cardiaque de déclencher des élections au provincial. Donc, on parlera encore beaucoup de politique dans les prochains mois. Faudra s'y faire. De toute façon, dans la vie, tout est politique.

Il n'y a peut-être pas d'affiches, de campagne ou de boîte de scrutin, mais nos vies sont truffées de promesses non remplies, de débats houleux et de budgets à équilibrer. La famille représente un bon exemple de ce microcosme politique. Tout y est une question de tractations, de négociations, de stratégies et de promesses. Tout ça en vue de maintenir un équilibre et d'obtenir ce qu'on veut sans avoir à réaliser tout ce qu'on a promis. À côté de ça, un gouvernement minoritaire à Ottawa, c'est de la p'tite bière, surtout si vous ajoutez quelques ados révoltés dans ce maelstrom. Souvenez-vous des nombreuses et intenses négociations nécessaires pour convaincre simplement Jonathan de passer la tondeuse toutes les trois semaines. Il faut dire que Jonathan est méfiant depuis que vous avez renié votre promesse de l'amener à Disneyland en 2002. Surtout que votre excuse était fallacieuse: «Jonathan, à cause des événements du 11 septembre, le seul passeport que j'ai pu t'obtenir est celui de La Ronde.» Il n'est donc pas surprenant qu'un ado en punition dans sa chambre se considère comme un prisonnier politique.

---

11. Élection générale québécoise du 8 décembre 2008: les libéraux redeviennent majoritaires et l'ADQ perd son statut d'opposition officielle en passant de 39 à 7 députés.

Le spectre politique familial comprend toutes sortes de régimes, et ce sont rarement des démocraties. Chez nous, par exemple, c'est une monarchie. Ce n'est pas pour rien que j'appelle ma blonde Princesse. Le beau-frère, lui, vit également dans une monarchie. Dans son cas, le monarque est un enfant-roi. Les voisines d'à côté vivent un triumvirat : Sylvie, sa blonde Johanne et son ex, Marlène. Le couple en face vit sous le joug de la dynastie de Ming, qui s'est instauré dès que leur fille adoptive Ming a appris le chantage émotif. Pour sa part, mon ami Serge vit une dictature des minorités. Depuis que sa femme est à la diète, le reste de la famille n'a pas le droit au dessert. La politique est également présente dans les autres aspects de nos vies.

Au travail, combien de fois avez-vous suivi la ligne du parti dictée par le chef, tout en sachant qu'il était logiquement à côté de la plaque, mais que, politiquement, ça épargnait votre emploi ? Et combien de coups d'État « foireux » ont été fomentés autour de la machine à café ?

L'exemple par excellence de la présence du politique dans notre quotidien : la belle-mère. Les habiletés que vous développez en interagissant avec elle vous qualifient amplement pour un poste de négociateur pour l'ONU, même dans les régions les plus chaudes de la planète.

À propos de régions chaudes... l'endroit le plus politisé après la Chambre des communes, c'est la chambre à coucher. Ai-je vraiment besoin de donner des exemples ? De toute façon, même si j'avais voulu, ma présidente-à-vie-autoproclamée aurait utilisé son droit de veto.

La rentrée scolaire

Pour des centaines de milliers d'élèves, des milliers d'enseignants et une nouvelle ministre de l'Éducation, c'était la rentrée scolaire cette semaine. Ce fut également un événement marquant pour moi, car mon garçon rentrait en maternelle.

Tout s'est bien passé. En entrant dans la cour d'école, il a reconnu des amis de la garderie, le premier contact avec sa maîtresse s'est fait en douceur, et surtout, il n'y avait aucune inquiétude dans son regard ni aucune larme dans ses yeux. Il en a été tout autrement pour son papa ! Rassurez-vous, je n'ai pas pleuré à grosses larmes comme je l'ai fait lorsque mon chien Laddie est mort le jour de mes 10 ans (j'ai quand même ma dignité, j'ai attendu d'être rendu dans ma voiture). De toute façon, il ne me restait plus beaucoup de larmes, les ayant toutes versées la veille en préparant son sac d'école. J'avais le sentiment de l'envoyer dans un pensionnat en Mongolie orientale pour la durée du primaire, alors que dans les faits, il serait de retour à la maison à faire la tornade avant que j'aie pu terminer ma chronique en paix !

N'empêche que le matin de la rentrée, j'étais une grosse boule d'émotion. Je n'en menais pas large dans la cour d'école, les yeux rougis et la goutte au nez, je n'ai trompé personne en attribuant cela aux allergies. Même que mon fils, à un moment donné, a lâché ma main pour prendre discrètement la main du papa à sa gauche. Et c'est là que j'ai constaté que j'étais le seul homme sur place à pleurer. Au lieu de me ressaisir, cela n'a contribué qu'à ouvrir les vannes. C'est là également que l'institutrice de mon fils lui a dit : « Peux-tu amener ton papa en retrait, sinon il va faire pleurer les autres papas ! » Mais Mme Sylvie n'avait pas à s'inquiéter, c'est bien connu, les hommes ne pleurent pas.

Quand un homme se frappe un pouce d'un coup de marteau, il ne pleure pas, il sacre. Quand un homme se fait larguer par sa blonde, il ne pleure pas, il se soûle. Quand un homme fait abîmer sa voiture, il ne pleure pas, il abîme celui qui a abîmé son auto. Même quand son propre père décède, un homme ne pleure pas. Il sera triste, mais il n'a pas le droit de pleurer, à moins qu'il ne soit exclu du testament.

Tout ça parce qu'un homme qui pleure démontre de la faiblesse, alors que les pleurs peuvent exprimer une grande variété de sentiments : l'empathie, la tristesse, la sensibilité et même la joie. Je me souviens très bien d'avoir pleuré de joie lorsque ma première femme a finalement signé nos papiers de divorce. Évidemment, elle y avait vu un signe de faiblesse (confirmant son choix de me laisser), alors que j'étais plutôt dans l'allégresse.

Finalement, les enfants sont rentrés dans l'école et mon fils n'a pas eu à me prendre à part. J'ai plutôt été réconforté par de jeunes mères sensibles à ma peine. Quand les autres papas m'ont vu enlacé par une meute de jeunes mamans pleines d'empathie pour mon désarroi, leurs regards ne traduisaient pas du mépris mais de l'envie.

On a tous appris quelque chose cette journée-là. Les autres papas ont appris que pleurer n'était pas nécessairement inutile, les mamans ont appris que derrière la sensibilité du papa de Samuel se cachaient des épaules musclées, et mon fils a appris... que son papa irait le reconduire tous les matins !

Ménage à deux

J'ignore comment cela a fonctionné pour vous, mais ma Saint-Valentin a été un succès sur toute la ligne. Notre couple en ressort plus soudé que jamais, et nous en ressentirons les bénéfices pour des mois à venir.

Après avoir déposé les enfants chez la belle-mère, je suis allé faire quelques courses pour me procurer les articles et les produits nécessaires pour notre activité en cette journée de l'amour. Dès mon arrivée à la maison, nous avons commencé notre programme par la chambre à coucher, ensuite ce fut la cuisine, puis le salon, la salle à manger. Rendus à la chambre d'amis, nous n'avons pas pu nous empêcher de sauter dans le lit pour un petit roupillon... C'est épuisant faire le ménage !

J'en conviens, le classement et les tâches ménagères ne représentent pas un idéal romantique. En revanche, quand je vois les activités auxquelles les couples doivent s'astreindre pour souligner cette journée, je trouve la mienne, éternuant dans la poussière, beaucoup moins stressante. Je n'ai pas eu à me démener pour obtenir une réservation au restaurant préféré de ma blonde, ni à me battre pour acheter la dernière rose chez le fleuriste, ni à être tout beau, tout propre et frais rasé pour madame. Non, ma blonde et moi avons passé la journée habillés en coton ouaté à faire du ménage. Certes, nous avons frotté, mais surtout, nous avons échangé et discuté sur ce que nous voulions conserver, recycler, donner ou tout simplement jeter. Il est vrai que l'échange «Ça, on le jette?», «D'accord» répété 35 fois dans une journée peut paraître lancinant. Pourtant, cet exercice de compromis sur de petits riens peut tracer la voie quand vient le temps d'établir un consensus sur des sujets plus délicats. Il est important d'enlever les crottes dans la litière du chat, mais encore plus de se débarrasser de celles qu'on a sur le cœur. Par exemple, si mon voisin Steeve avait fait le ménage dans son couple aussi souvent qu'il bichonne le moteur de sa Mustang Cobra Super-charger, sa blonde ne l'aurait pas quitté pour... Linda !

Et l'atmosphère que ma blonde et moi avions créée à la maison favorisait plus de complicité que n'importe quel souper dit romantique dans un restaurant bondé le soir de la Saint-Valentin. Où, entourés d'une cinquantaine d'autres couples en mode «romantique imposé», nous sommes tous forcés à prendre l'entrée en forme de cœur, la soupe en forme de cœur, le steak en forme de cœur, le dessert en forme de cœur... mais soyez assuré, le tout était accompagné d'une facture en forme de signe de piastres !

Notre recette de ménage n'est pas réservée qu'aux couples. Si les Tunisiens et les Égyptiens (et les peuples qui suivront) avaient fait le ménage plus régulièrement, il aurait été plus facile de déloger les taches qui s'incrustent depuis 30 ans. Et si nous avons la chance de vivre dans une démocratie, nous ne sommes pas en reste. Le ménage doit se faire régulièrement en votant tous les quatre ans (le plus fréquemment possible) aux niveaux municipal, provincial, fédéral et scolaire.

Pour ma part, ce soir, nous retournons manger au restaurant préféré de ma douce pour une troisième fois cette semaine. C'est tellement agréable les lendemains de Saint-Valentin, nous avons le restaurant à nous seuls, dans une atmosphère détendue, avec le personnel et la violoniste juste pour nous. Hier, c'était si romantique que l'idée nous est venue de donner un coup de main pour le ménage de la cuisine. Même si personnellement j'aurais préféré un ménage à trois avec la violoniste. Mais, tout compte fait, un ménage à deux, c'est déjà bien assez d'entretien comme ça.

Vieillard-boom

On a tous entendu parler du mini baby-boom que connaît le Québec en ce moment. Toutefois, la réalité est que le taux de vieillissement de la population est de beaucoup supérieur.

Nous sommes passés de 1,6 à 2,1 enfants en moyenne par couple, mais c'est loin du 8,3 de vieux (parents, grands-parents, etc.) par couple. Dans mon cas, le 0,3, c'est mon oncle Delbert; il vit aux *States*, plus précisément dans l'État d'Ébriété.

Je me demande : Est-ce qu'on parle moins du vieillard-boom parce qu'on a si peur de vieillir? Pour ma part, j'ai eu dernièrement mes premières palpitations cardiaques quand Mme Cadorette m'a signalé avec un enthousiasme débordant que, dans quatre ans, je serai admissible au club de l'âge d'or du centre Saint-Zotique.

Je l'ai informée avec fierté que j'étais à une bonne vingtaine d'années de la retraite. «Ben non, monsieur Hall, vous pouvez être membre à 50 ans!» J'ai continué mon chemin en faisant semblant de ne plus l'entendre, ce qui n'a fait que renforcer sa conviction de mon âge avancé.

Le soir même, nous étions invités à souper chez Roger, le grand-père de ma blonde. J'y allais de reculons, car j'étais encore ébranlé par mon abonnement prochain au club des vieux. Toutefois, en observant Roger à l'œuvre, ça a rapidement ravivé mon moral. D'abord, il était assez impressionnant à voir aller dans la cuisine. Il ne faisait pas réchauffer un simple repas congelé, il roulait des sushis avec la dextérité d'un chef du pays du Soleil-Levant.

Tout en manipulant un couteau à peine plus petit qu'un sabre, Roger nous a expliqué qu'il avait appris l'art du sushi cet été entre deux tournois de pétanque. Il avait à peine terminé sa dernière variété de sashimi que ça a sonné à la porte.

Avec l'agilité d'un danseur de tango argentin, il a glissé de la cuisine à la porte d'entrée en moins de temps qu'il en faut pour dire : « Mes amis, je vous présente ma nouvelle copine, Mme Berthe. » L'élégante personne dans l'entrée n'avait rien de la p'tite vieille qui sent la « paparmane ». Berthe est plutôt la partenaire de tango de Roger. Au courant de la soirée, Berthe et Roger ont contribué à démolir presque tous mes préjugés envers les vieux.

Tout ce qui restait : sa conduite automobile. Roger, c'est l'exemple parfait du chauffeur à chapeau. Mais pour être équitable, il faut dire que la conduite de Roger est pas mal moins dangereuse que celle de la plupart des chauffeurs de taxi, des femmes qui se maquillent au volant, des livreurs de pizza, des hommes d'affaires au cellulaire et de la vaste majorité des jeunes hommes de moins de 25 ans.

On a tellement passé une belle soirée qu'en retour nous avons invité Roger et sa nouvelle copine à souper chez nous le samedi suivant. Cependant, ils ont dû décliner l'offre parce que ce jour-là ils étaient à Napierville pour leur examen final de saut en parachute.

En passant, Roger et Berthe ont respectivement 85 et 79 ans. Bon, j'avoue, le parachute, ce n'est pas vrai, mais tout le reste est véridique. En revanche, Roger et sa blonde m'ont donné le goût d'être vieux. D'ailleurs, le lendemain, je rencontrais le comité de sélection du centre social Saint-Zotique pour essayer d'obtenir une exemption. Mais Mme Cadorette a utilisé son veto de vice-présidente pour rejeter ma candidature en arguant que j'étais sourd comme un pot.

Identité nationale

Depuis que je suis arrivé au Québec de la Saskatchewan en 1976, je suis fasciné par la dynamique entre les deux solitudes de notre pays. Au début, j'avais de la difficulté à entrer en contact avec l'autre solitude. Somme toute, ça allait plutôt bien avec la belle Sandrine Demers ; malgré nos nombreux échanges, on ne parlait pas tant que ça[12] ! C'était plus compliqué avec son père... un boucher à la réplique aussi tranchante que ses couteaux. Toutefois, j'ai rapidement constaté que nos différences dépassaient la simple relation entre un «paquet d'hormones sur deux pattes» et un «peut-être éventuel beau-père». Les stéréotypes que le bonhomme Demers tenait à l'égard de mon peuple étaient presque aussi ridicules que ceux que j'avais envers le sien.

Je me suis dit que pour éviter ce genre de frictions inutiles dans le futur, j'avais intérêt à mieux connaître cette autre solitude. Même si ma relation avec Sandrine a duré à peine le temps des cerises, mon amour et mon attachement pour le Québec, eux, ne se sont jamais démentis. À preuve, en 2012, j'ai eu l'honneur d'être le premier anglophone porte-parole de la Fête nationale.

Et comme le dit l'adage «Qui aime bien châtie bien», vous comprendrez, à la lecture des chroniques choisies pour ce chapitre, que j'aime

---

12. Soit dit en passant, vous remarquerez que le *pick up line* : «Vous avez une belle langue, est-ce que je pourrais l'essayer?» revient à quelques reprises dans ces chroniques. Tout simplement parce que c'est revenu plusieurs fois dans ma vie !

beaucoup le Québec et les Québécois, et que je ne me gêne pas pour vous écrire dans le blanc des yeux.

● ●

Bonjour!

Je voulais simplement vous remercier pour vos excellentes chroniques, et tout particulièrement «Speak White?». Il est bon de lire d'une personne de culture anglo-saxonne que les francophones du Québec ont non seulement le droit, mais également le devoir de défendre leur langue dans le contexte nord-américain où nous vivons. Les francophones ne sont pas anti-anglais, ils veulent seulement être respectés dans leur langue et leur culture. Vous avez le mérite de prendre position tout en le faisant avec humour et respect.

Richard

● ●

Speak White?

C'est reparti! Le débat linguistique fait à nouveau la manchette. Cette fois-ci, gracieuseté du député conservateur Maxime Bernier qui sort une autre de ses étonnantes déclarations: «Nous n'avons pas besoin de la loi 101 pour protéger le français.» Voilà un francophone contre la loi 101, alors que je suis un anglophone qui est pour. À vous de juger de la pertinence des deux positions.

Je ne suis pas un enfant de la loi 101, loin de là, et ce, dans tous les sens du mot. Ayant grandi à Saskatoon dans les années 1960, bien avant l'arrivée de la loi 101, j'ai quand même été forcé d'aller à l'école française. Mon parcours scolaire n'a pas été dicté par une loi provinciale, mais par un décret parental. Mes parents ne voulaient pas que mes sœurs et moi grandissions avec le même handicap qu'eux, à savoir être unilingues anglais. Avec le recul, je reconnais que ce fut une décision très sage de leur part. Non seulement j'ai appris le français, mais j'ai aussi appris à me battre... ou plutôt à «me faire battre» puisqu'à l'école française, les Fransaskois me battaient parce que j'étais un maudit *bloke*, et à la sortie de l'école, les Anglais me battaient parce que pour eux j'étais un maudit *frog*! Imaginez mon enthousiasme lorsque ma mère m'a annoncé notre déménagement à Montréal... Wow! Toute une ville pour me battre! Malgré cela, je me suis vite aperçu que le fait d'avoir deux langues était un immense avantage. Ne serait-ce qu'auprès des filles... «J'ai deux langues, mademoiselle, laquelle désirez-vous essayer?»

Jusque-là, Maxime et moi sommes d'accord. Vive le bilinguisme! Mais je diverge totalement d'opinion quand il prône la non-intervention de l'État dans la préservation de la langue française. Bernier ne semble pas comprendre que la situation diffère entre le français et l'anglais. On sait tous que les Québécois sont entourés d'une mer de plus de 330 millions d'anglophones. Comme un bateau qui flotte sur l'océan, il faut surveiller de près les infiltrations d'eau, car elles feront éventuellement couler le bateau. Alors qu'au contraire jamais un bateau n'absorberait la mer qui l'entoure.

Il est d'autant plus important de protéger votre bateau, car il véhicule un français qui, malgré les assauts répétés depuis des siècles, a su conserver son unicité. Cependant, je ne souhaite pas un français figé dans le terroir, mais un français vivant et florissant, ouvert aux influences, mais pas au point où *my* phrase *will* finir en *English*.

La loi 101 est primordiale pour la survie du Québec. Cette petite suite de 1 et de 0 (pour parler en langage binaire) est le code de base de votre culture. Pas de français, pas de culture. Pas de culture, pas de Québec. C'est aussi simple que cela! De nos jours, ce n'est pas la religion qui va vous permettre de vous différencier. Il ne vous reste que votre culture qui, heureusement, est riche et foisonnante. Vous avez votre propre cinéma, comme il existe un théâtre québécois, ainsi que vos chanteurs, acteurs, écrivains, musiciens, même vos humoristes!

Ce n'est pas seulement l'amour de votre langue qui va vous permettre de la sauvegarder, comme le suggère Maxime Bernier. Nous aimons tous les pandas, mais sans des lois strictes pour les protéger, ils disparaîtraient le temps de crier: «Dernier service de bambou!»

Sans sa langue et sa culture, le Québec n'est qu'une province comme toutes les autres. C'est une Colombie-Britannique avec moins de montagnes, une Saskatchewan avec plus d'arbres, un Nouveau-Brunswick avec un meilleur français, une Ontario avec plus de belles filles! Comme dirait l'ex de Maxime Bernier, Julie Couillard: «Cé tivident!»

Victoria *vs* Dollard

Lundi prochain, nous célébrerons nos fêtes patriotiques respectives. Les Québécois francophones fêteront les patriotes et les anglophones, la reine. Étonnamment, il n'y a jamais de grabuge cette journée-là, les deux peuples fêtant de leur côté sans jamais être au courant des activités de l'autre. C'est bel et bien la preuve que les deux solitudes existent.

Fort heureusement, je suis là pour faire le pont entre ces deux mondes. Car je constate qu'en réalité cette journée s'avère être le festival du stéréotype. D'un côté, les anglophones sont convaincus que les Québécois font la parade dans le Vieux-Montréal, habillés en chemise à carreaux, ceinture fléchée à la taille, pipe à la bouche, mousqueton à la main et raquettes aux pieds, en criant : «À mort, Wolfe !» Et les francophones sont convaincus que de l'autre côté de la montagne, les anglos jouent au boulingrin, habillés en blanc, sandwichs aux concombres dans une main, tasse de thé Earl Grey dans l'autre, confortablement installés sur une pelouse immaculée, en scandant : «*God save the Queen* !» Bon, dans le cas des anglos, c'est vrai, mais uniquement pour ceux de Upper Westmount. Cependant, pour la vaste majorité d'entre eux, c'est une simple journée de congé comme pour la plupart des Québécois francophones.

Pour ma part, c'est une tout autre histoire. Comme ma famille et ma belle-famille célèbrent de façon très traditionnelle, c'est ma journée la plus occupée de l'année. Je dois partager équitablement mon temps entre ces deux pôles. Au moins, à Noël, les traditions sont similaires. On va à l'église, on mange de la dinde, on se donne des cadeaux, et le lendemain on va les échanger. Tandis que lors du congé de mai, les coutumes sont à l'opposé les unes des autres. Je passe donc la journée à faire l'aller-retour entre Westmount et Saint-Henri, afin de ne rater aucune activité au programme. Ça commence chez la belle-famille, où je me bourre la face dans le ragoût de pattes, le caribou et les grands-pères dans le sirop. Dix minutes plus tard, chez tante Margaret, ça me demande un effort surhumain pour avaler un seul triangle de sandwich aux concombres (même le ventre vide, ça me demande un effort similaire pour en manger). À cela, il faut ajouter les trois litres de thé que je bois à moi seul. Ce ne serait pas si pire si tante Margaret ne versait pas une once de gros gin à chaque tasse ! (Voilà un autre stéréotype détruit : si les vieilles Anglaises que vous croisez ont les joues rougeaudes, ce n'est pas à cause du maquillage, mais plutôt en raison de l'additif musclé qu'elles ajoutent à leur thé.)

Ajoutez à ça les 20 onces de caribou que le beau-frère me fait boire le matin même, vous comprendrez que j'en ai jusqu'au 24 juin à m'en remettre. Il faut que ça cesse, je n'en peux plus !

Je propose que dès cette année nous unissions nos deux fêtes. Question de rapprocher nos deux solitudes, mais surtout d'épargner mon foie. Il suffit de prendre les meilleurs aspects de chaque côté. Je suis sûr que le gros gin se marie bien avec le ragoût de pattes. On aurait également un *fun* noir à jouer au boulingrin en raquettes à neige. Et qui sait, peut-être réussirais-je à matcher tante Margaret avec Gérard, l'oncle vieux garçon de ma blonde. Après une couple de tasses du thé Earl Gin de Margaret, Gérard pourrait sûrement la séduire avec sa fameuse ligne : «*I don't speak English, but I french very well !*»

Bonne fête à tous et *God save* les patriotes !

Bonne Saint-Jude!

Compte tenu de la morosité ambiante chez les souverainistes, on ne devrait pas fêter la Saint-Jean cette année, mais la Saint-Jude, patron des causes désespérées.

En fait, il faut plutôt parler de cause désespérante, car la cause souverainiste n'est pas sans espoir. Toutefois, on dirait que chaque fois que les souverainistes approchent du but, ils réinventent une nouvelle façon de perdre. Ils sont les Luongo[13] de la politique. Seulement au cours des dernières semaines, le Bloc s'est fait anéantir par le NPD, le PQ ne semble pas avoir assez de pieds à tirer dedans, et la Société Saint-Jean-Baptiste n'a rien trouvé de mieux pour promouvoir la souveraineté que de commander un autre hymne national! On a déjà *Gens du pays*, c'est beau, c'est facile à chanter, et on le pratique chaque fois qu'on a des bougies à souffler!

Toutes ces complications s'ajoutent aux difficultés habituelles des souverainistes: peu importe le chef, il ou elle a plus de trous dans le dos qu'un jeu de dards dans une salle des Chevaliers de Colomb, les nombreuses factions s'affrontent constamment sur l'épineuse question de la stratégie référendaire, et la plupart du temps sur la place publique. Quand Clotaire Rapaille disait que les Québécois sont sadomasochistes, il parlait en réalité du Parti québécois. On dirait que l'article 1 du PQ n'est pas de «faire la souveraineté», mais de «faire la chicane»! S'il mettait autant d'efforts à faire la souveraineté qu'à se disputer, ça ferait longtemps que nous aurions un siège à l'ONU, parce que, sondage après sondage, l'option souverainiste obtient toujours entre 40 et 42 %. C'est pour cela que la cause est désespérante et non désespérée. Le peuple

---

13. En référence à Roberto Luongo, l'excellent gardien de but des Canucks de Vancouver, qui, au cours des années, s'est malheureusement bâti une réputation, celle de baisser de régime en série d'après-saison.

québécois a tout ce qu'il faut pour réaliser son indépendance, mais ironiquement, il est son pire ennemi.

Je ne veux pas vous dire quoi faire, mais ayant roulé ma bosse dans la plupart des autres provinces du Canada, je peux vous confirmer que vous êtes déjà un pays... bon, pas indépendant, mais un pays. Évidemment en raison de votre langue, mais ça va beaucoup plus loin que cela. La culture québécoise, avec sa musique, son théâtre, son cinéma, sa littérature, sa danse, son humour, bref, toute la scène artistique et intellectuelle, sa fameuse «joie de vivre», est spécifique au Québec... même pour ses anglophones. Et sans mettre qui que ce soit sur un piédestal, le fait que le Québec a son propre *star system* – ses propres vedettes de la télévision, de cinéma et de la scène – confirme que c'est une nation en soi. Les Canadiens aussi ont leur *star system*, mais il est composé à 99 % d'Américains.

Il y a également une homogénéité au Québec qu'on ne retrouve tout simplement pas dans le reste du pays. Je ne veux pas dire qu'on est tous blonds aux yeux bleus, mais on a beaucoup plus de points en commun que le ROC. Les différences entre André de Val-d'Or, Julie de Sept-Îles et James de Pierrefonds sont beaucoup plus faibles que celles entre Alan de Victoria, Barry de Moose Jaw et Ernie de Halifax. J'exagère à peine en affirmant que pour les Canadiens, les seuls points communs sont *Hockey Night in Canada*, Don Cherry et Tim Hortons. Alors, avec 400 ans de bataille identitaire dans le corps, je ne peux pas croire que les soubresauts des dernières semaines inciteraient les Québécois à lancer l'éponge. Votre saint patron n'est pas saint Jude ni saint Jean, c'est vous-même... avec un peu d'aide de saint Christopher!

Le rapport Hall

Cent quatre-vingts ans après le rapport Durham, voici le rapport Hall.

Once upon a time in Québec, il y avait un p'tit peuple (sic!) de francophones perdus dans un océan d'anglophones. Pendant des siècles, ils luttèrent pour leur survie linguistique et culturelle. Contre vents et marées, ce petit groupe de Gaulois de Nouvelle-France abandonnés par la mère patrie a survécu. Grâce à leurs combats incessants, leurs descendants peuvent aujourd'hui lever le bras et affirmer haut et fort : « M'at prendre deux hot dogs *steamés* avec ben de la *cole slaw*!» Ce qui leur confère quand même le droit d'être offusqués quand le Grec de l'autre côté du comptoir leur répond : « *That'll be three fifty.* »

Je ne saisis pas toutes les subtilités des lois 101, 103, 115, etc., mais quand je constate la piètre qualité du français parlé au Québec, j'en déduis que la solution à ce problème complexe est plutôt simple. Tout le monde devrait fréquenter l'école française (*and that includes you, my fellow English Quebequers* et tous les nouveaux arrivants, évidemment!). Le français est sûrement l'une des langues les plus difficiles à maîtriser (par exemple, cela m'a pris cinq ans d'efforts herculéens à la polyvalente pour me rentrer dans la tête que je devais mettre un petit chapeau sur le «u» du mot «sûrement», et voilà que 20 ans plus tard, on m'apprend que c'est maintenant optionnel). Ajoutez à cela les 47 temps de verbes, leurs nombreuses déclinaisons et exceptions. Déjà que le féminin et le masculin sont délicats à gérer dans les relations de couple et la vie de tous les jours, il faut en plus faire attention à chaque mot, à savoir si on doit dire «le» ou «la». Alors, pour maîtriser la langue de Molière, il faut que tu l'étudisses? l'étudiâmes? l'étudiasses? % &#$&! que tu l'apprennes sous la supervision d'une professionnelle. En résumé, je dirais que ça devrait être : le français à l'école, ta langue maternelle à la maison, et l'anglais partout ailleurs. En fait, la seule difficulté avec l'anglais, c'est de réussir à ne pas l'apprendre.

Donc, point n'est besoin d'inscrire vos enfants à l'école anglophone, car il existe de multiples façons de l'acquérir. L'anglais est si présent qu'on peut pratiquement l'apprendre par osmose. Exemple parfait : la télévision. Sur les 365 chaînes de télévision facilement accessibles, il n'y en a qu'une douzaine en français, une multilingue, et tout le reste est en anglais dont une multitude de chaînes spécialisées dotées d'une programmation fascinante, comme Discovery, A&E, History Network, The Learning Channel, PBS, etc. Comme vous ne voulez pas que vos enfants passent leurs journées cloués devant la télé, envoyez-les jouer dans un parc à Westmount. Le seul hic, c'est qu'avec le nombre de gouvernantes immigrantes, votre enfant risque plutôt d'apprendre à parler le filipino.

La lecture est également de mise. Nul besoin de se taper l'œuvre de Shakespeare dans sa version élisabéthaine, une boîte de céréales Lucky Charms fera très bien l'affaire. Non seulement votre enfant apprendra l'anglais, mais en lisant la liste des ingrédients, il développera une expertise en chimie.

Ce ne sont là que quelques façons d'acquérir l'anglais. Retenons surtout qu'il est omniprésent et facile d'apprentissage, alors que le français est moins répandu et plus difficile à maîtriser. Or, pour que le français devienne réellement la langue d'usage de tous les Québécois, nous devrons tous faire un effort, car ce n'est pas avec des écoles passerelles qu'on va bâtir des ponts entre les communautés. Et à ceux qui ont passé l'âge de fréquenter l'école, je vous fais part de mon expérience personnelle en termes d'apprentissage d'une langue étrangère : trouver quelqu'un à qui vous aimeriez dire : «Vous avez une belle langue, est-ce que je pourrais l'essayer?» Ça, ça peut bâtir des ponts!

Allez, *Habs*! Allez!

You don't care if Randy Cunnyworth doesn't speak French, so I guess I can write my chronique in English!

Non, sérieusement, je vais écrire en français, mais je vais vous écrire dans le blanc des yeux. Si ça prend un anglophone pour vous dire que vous êtes une gang de moumounes, je me sacrifie.

J'aurais bien aimé vous parler du beau manteau de neige blanche qui recouvre le sol en ce 23 décembre, malheureusement, la seule chose qui nous tombe dessus, ce sont de mauvaises nouvelles concernant la langue française. Et le pire, ce ne sont pas tant les nombreux affronts à la langue française comme la faiblesse de la réaction des Québécois face à ces attaques. Bon, dans le cas de Michael Ferguson, le nouveau vérificateur général du Canada, cela peut passer parce qu'il parle de chiffres (en anglais comme en français : 2 + 2 = 4!). Résultat : un peu de grogne dans les médias, mais cela s'est estompé rapidement. Dans le cas des hauts dirigeants de la Caisse de dépôt et de la Banque Nationale, à la limite c'est la même chose, car eux aussi parlent «chiffres» (même si souvent dans notre économie précaire 2 + 2 = 3,2). Réaction : Guy A. retire ses avoirs de la banque fautive et *Tout le monde en parle*... mais brièvement.

Cela s'est compliqué légèrement quand on a appris que dans certains services chez Bombardier et CGI, la langue de travail est l'anglais. Mais encore là, ça passe, sous prétexte que dans le domaine des technologies l'anglais est la langue d'usage. Conséquence : rien. Les Québécois pourraient dire «Pas de *ski-doo* cet hiver!», mais comme il n'y a pas de neige, c'est une menace qui prendrait le champ.

Toutefois, les choses se sont corsées cette semaine quand le Canadien a nommé un unilingue anglophone comme entraîneur-chef. La Sainte-Flanelle! Votre véritable religion! Celle qui remplit son temple au maximum de sa capacité (21 273) à chacune de ses messes... Ceux en qui vous ne perdez jamais espoir et dont vous espérez aveuglément la reconquête du saint Graal Stanley! Cependant, quand vos Glorieux vous annoncent que le Sauveur est un unilingue anglais, vous vous choquez moins que si on vous disait que le pape était juif. Malheureusement, dès que Cunnyworth réussira à remporter trois parties de suite, vous oublierez vite la forme carrée de sa langue et accepterez une fois de plus l'affront! Entre-temps, cette nomination vous excite le poil des jambes, et le gérant d'estrade en vous bourrasse et s'égosille sur les tribunes radiophoniques. Mais sans plus, la nomination de Cunnyworth ne fera pas plus de vagues que cela... Youppi en fait faire de plus grosses au Centre Bell quand on annonce que pour les dix prochaines minutes le hot dog sera à prix réduit, soit 7,50 $! Tout ce que vous faites, c'est chialer (c'est à se demander si ce n'est pas ça votre sport national!).

Pourtant, ce serait tellement facile de faire des gestes concrets: arrêter de boire la bière Molson (surtout celle du Centre Bell à 10 $!), faire peur au Canada anglais, vous tenir debout (comme peuple) en restant assis au Centre Bell pendant l'hymne national et, finalement, parler votre belle langue, l'imposer et ne pas la laisser s'effriter. Elle est le ciment de votre culture, de votre société... enfin, avec la neige. Et la neige, il y en a de moins en moins!

Les *kings* de l'accommodement

J'avoue que toute l'histoire des accommodements raisonnables me comble de bonheur! Pour *une* fois, mon beau-frère Jacques me laisse tranquille! Parce qu'avant ça tout était de ma faute : «On sait bien, vous autres, maudits Anglais!... Toujours un traitement de faveur pour vous autres, les *blokes*...Vous êtes juste une gang de *crisses, christ*!»

Dans le fond, je pense que la seule chose que mon beau-frère aime de moi, c'est mon prénom, Chris!

Mais cette nouvelle «patente» des accommodements raisonnables a déclenché une petite révolution qui a changé mon petit monde d'anglo du Québec du tout au tout. Non seulement ma relation avec mon beau-frère, mais avec le Québec en entier. On est presque des amis! Je me sens soudainement aimé, je dirais même apprécié en tant qu'anglo! L'autre jour, au restaurant, la serveuse me dit : «Ah! c'est tellement l'*fun* avec vous! Je comprends tout ce que vous dites. Votre accent anglophone, c'est *cute* à mort! Pis vos "r", ce sont des "r", pas des "w"!»

Toutefois, je ne comprends pas pourquoi les accommodements raisonnables sont devenus si problématiques tout à coup? Parce que, dans le fond, les Québécois sont des accommodeurs raisonnables par excellence! Ils sont les *kings* de l'accommodement!

Pensez-y! Il n'y a pas si longtemps, s'il y avait un Anglo dans une réunion avec 25 Québécois francophones, vous étiez si raisonnables que la réunion se déroulait en anglais! Même chose dans un souper d'amis : un seul anglophone présent, et tout le monde mangeait en anglais! Plus accommodant que ça...

Vous avez passé près, très près de vous séparer en 1995. Mais, soudainement, le Canada a manifesté tout plein d'amour pour vous. «*We love You*, Québec! On vous aime!» Comme la belle-fille timide qui se fait *cruiser* par le quart-arrière de l'équipe de football au secondaire, vous n'étiez pas sûrs : «Est-ce qu'il m'aime vraiment, ou il dit ça juste pour coucher avec moi?»

Vous avez été si raisonnables : vous nous avez donné le bénéfice du doute. Et vous êtes restés ! Vous êtes une nation tellement raisonnable !

Maintenant, ce sont les nouveaux arrivants qui posent toutes sortes d'exigences : «Je veux apporter mon couteau à l'école», «Pouvez-vous fermer les yeux, docteur, pendant que vous examinez ma femme?», «Est-ce que les policières pourraient au moins porter une moustache?», «Est-ce que les femmes du YMCA pourraient s'entraîner en burka?».

On peut vous comprendre de vouloir sauter une coche avec ces nouvelles exigences toutes moins raisonnables les unes que les autres.

Cependant, la vaste majorité de ces nouvelles demandes sont d'ordre religieux. Voilà une chose avec laquelle vous êtes familiarisés depuis des siècles !

Pas de viande le vendredi, pas de sexe avant le mariage, et une fois mariés c'est seulement pour la procréation, au minimum une religieuse et un prêtre par famille, l'abandon du contrôle de l'éducation à l'Église, et une relation franchement incestueuse entre l'Église et l'État !

Il me semble qu'à côté de ça, des vitres givrées qui ne font que cacher des sportifs suant à grosses gouttes, ce n'est pas la mer à boire...

C'est comme s'ils exigeaient d'avoir leurs écoles, leurs universités, leurs hôpitaux, leurs journaux, leurs radios, leurs télévisions et leurs théâtres... comme nous, les Anglais !

Mais nous, c'est différent ! Notre amitié dure depuis le lendemain des plaines d'Abraham ! C'est du vécu, ça ! Vous êtes tellement raisonnables, amis Québécois, vous m'avez même offert une place dans votre journal préféré ! Est-ce *une* job ? Ou *un* job ?

Est-ce que je peux écrire ma chronique en anglais la semaine prochaine ?

L'angle de l'Anglo

Loin de moi l'idée de parler pour *tous* les anglophones, mais le projet de loi 195[14] n'est qu'une tempête dans un verre d'eau à laquelle on a donné le nom d'ouragan.

Et ce n'est pas un nom mignon comme Noël ou Katrina, des noms inoffensifs aux conséquences graves. Non, on nomme et qualifie ce projet de projet de loi raciste, extrémiste, isolationniste, régressif, j'ai même entendu «naziste»!

On se calme. *Prends ton gaz égal*, comme dirait l'autre. Le projet de Pauline n'est peut-être pas nécessairement la meilleure façon de procéder, mais il faut relativiser les choses. Ce n'est pas comme si on obligeait les Anglais à porter une feuille d'érable en tissu sur leur veste et qu'on tatouait leur numéro d'assurance sociale sur leurs bras!

Demander aux futurs élus de parler de façon «appropriée» la langue de la nation, ce n'est pas hérétique, c'est juste logique.

Et on est loin d'être les seuls à formuler de tels critères. En Suisse, non seulement vous devez maîtriser la langue, mais vous devez aussi être familiarisé avec «le mode de vie et les traditions suisses». Avez-vous idée du nombre de façons de trouer un fromage? Et ça, c'est uniquement pour être résident permanent en Suisse. Pour être élu, vous devez être capable de reconnaître le nombre de carats d'une dent en or, juste en regardant sourire la personne.

---

14. Soumis par le Parti québécois, ce projet de loi sur l'identité québécoise prévoyait, entre autres, l'obligation aux nouveaux arrivants d'avoir une «connaissance appropriée» du français afin d'être éligibles aux élections scolaires, municipales et législatives.

Dans certaines parties de la Belgique, il faut acquérir une connaissance de la langue flamande pour obtenir sa citoyenneté! Si vous pensiez que le chinois représentait un défi considérable, sachez que le flamand est une mixture entre l'allemand, l'anglais et un cancer de la gorge. Mais j'avoue qu'il y a quelque chose de pas mal *sexy* quand une belle grande Flamande te chuchote avec sa voix rauque dans le creux de l'oreille : «*Chrrûter mai latschen ûnter dai betterchh?*» (J'peux-tu mettre mes sabots de bois sous ton lit?) Je suis prêt à apprendre la langue si je veux être l'élu de son cœur. Alors, il est tout à fait normal d'apprendre la langue de ceux et celles dont tu veux être l'élu tout court.

Parlant d'autre pays... qu'en est-il du ROC (*Rest of Canada*), qui s'est aussi doté de telles règles? Stephen Harper semble bien content de donner aux Québécois le statut de nation, mais on voit le vide total du geste quand vient le moment de donner à cette même nation les outils pour assurer sa survie. Pourtant, les Canadiens sont *tellement* fiers de leurs p'tits frères québécois quand vient le temps de se différencier des Américains. «Les *hopitales*, c'est *free* et on est *bilingual*!»

On ne demande pas aux nouveaux arrivants de maîtriser l'accent de Saint-Georges-de-Beauce. La preuve qu'un élu n'est pas tenu de maîtriser la langue québécoise en profondeur : Jean Chrétien.

Je dis aux nouveaux arrivants et aux anglophones de souche, voyez plutôt le côté positif et l'occasion de démontrer votre propre ouverture. Embrassez la langue québécoise... *littéralement*, en disant : «Vous avez une belle langue, est-ce que je pourrais l'essayer?» Peut-être qu'on vous répondra : «J'peux-tu mettre mes sabots de Phentex sous ton lit?»

Femmes

Mes chroniques à propos des femmes ont été les plus faciles et les plus agréables à écrire. Pour la simple et bonne raison : je les aime.

Non seulement je les aime, mais je les admire et je les respecte énormément... pour leur courage, leur résilience, leur polyvalence, leur intelligence et, évidemment, leur beauté.

Et sans vouloir paraître prétentieux, je crois pouvoir m'autoproclamer «connaisseur en la matière». Je n'ai peut-être pas fait sept ans d'université pour obtenir un doctorat en études féminines, mais plutôt 17 ans d'études sur le terrain comme fils unique avec trois sœurs.

● ●

Bonjour, Christopher,

Je prends quelques minutes pour te féliciter pour ton article «Femmes (au foyer), je vous aime!». C'est tellement vrai et tellement touchant qu'un homme reconnaisse la femme qui se donne corps et âme pour les siens. Quand tu dis que nous sommes multitâches, t'as jamais si bien dit. Merci du fond du cœur pour ta chaleureuse reconnaissance envers la femme.

Martine

● ●

· ·

Bonjour!

Je suis une maman à la maison, donc une femme au foyer, et vous avez réussi à m'arracher une larme avec vos mots justes et combien vrais! Ça fait du bien une tape dans l'dos! Quand nous travaillons à l'extérieur, nous avons le droit à une évaluation et à une augmentation de salaire. Et aujourd'hui, c'est comme si c'était ma journée d'évaluation. Merci mille fois! Vous avez fait ma fin de semaine!

Andrée

· ·

Femmes (au foyer), je vous aime!

Cette semaine, on célébrait le 100e anniversaire de la Journée internationale de la femme. J'en profite donc pour vous transmettre mes profondes et sincères... condoléances, car encore aujourd'hui, ce n'est pas facile d'être une femme.

Malgré 100 ans de lutte, partout dans le monde, la vie de femme demeure plus difficile, plus limitée, plus dangereuse et plus ardue que celle d'un homme. Même si chez nous la situation de la femme est meilleure qu'à bien des endroits sur la planète, en règle générale, les femmes sont moins bien traitées. Peu importe le travail, la femme est moins payée, et dans les professions où les femmes sont en majorité (infirmières, enseignantes au primaire, éducatrices, etc.), les salaires sont plus bas. Certes, le nombre de femmes dans des postes décisionnels a augmenté, mais la condition féminine tarde à se bonifier.

L'emploi le moins respecté, et qui par hasard est presque entièrement occupé par des femmes, est celui de femme au foyer. Même si on dit «reine du foyer», contrairement à la monarchie, c'est la reine qui travaille et ce sont ses sujets qui se font servir! Et aujourd'hui, c'est à ces femmes, souvent oubliées et rarement louangées, que je souhaite une reconnaissance et une amélioration de leurs conditions. À ceux qui verront ici une façon machiavélique de complimenter ma blonde, détrompez-vous. Chez nous, c'est moi la reine du foyer... je parle donc en connaissance de cause et je peux vous confirmer que c'est un métier extrêmement difficile. Heureusement, dans mon cas, je suis à temps partiel, car j'ai un autre métier qui me permet de travailler à l'extérieur de la maison de temps à autre.

Il est de notoriété publique que les femmes gagnent 20 % de moins que leurs homologues masculins. Sachez maintenant qu'une femme au foyer reçoit 100 % de moins. Pourtant, ce travail requiert de nombreuses habiletés tant intellectuelles que motrices. Oubliez le 9 à 5, c'est plutôt de 5 h du matin à 9 h du soir! C'est tout aussi difficile qu'un poste de haute direction. Même lors d'une intense réunion de travail de la présidente avec ses cadres sur un projet de plusieurs millions de dollars, la hiérarchie fait en sorte que c'est toujours elle la *boss* et les autres, les subalternes. Dans ce cas, elle peut toujours dire: «Écoute, le grand, si t'es pas content, la porte est là!» Un poste de femme au foyer est beaucoup plus difficile à défendre. Il n'y a pas de convention collective ni de contrat de travail, et son autorité est constamment défiée même si son subalterne n'a que deux ans et demi d'ancienneté. Et peu importe les crises qui surgiront, il lui est impossible de démissionner, et encore moins de congédier l'employé récalcitrant.

Ce qui me fascine avec les femmes au foyer, c'est leur capacité de réaliser plusieurs tâches simultanément. Au bureau aussi, on peut être multitâche, mais ce sont des trucs qu'on peut accomplir en deux ou trois clics de souris tout en textant et en parlant au téléphone. La femme au foyer arrive à coordonner en même temps ses habiletés physiques, intellectuelles, sa coordination psychomotrice et ses facultés olfactives. Faire une sauce à spaghetti, c'est une chose, mais la faire tout en reprisant une chaussette, en guidant l'aîné dans ses devoirs, en surveillant du coin de l'œil le plus jeune qui fait ses premiers pas et en suivant l'évolution de la cuisson des oignons de manière olfactive, en est une autre! Et ce, sans la possibilité de dire: «Johanne, prends mes appels pour la prochaine heure.» Et le plus remarquable avec les femmes au foyer, c'est qu'elles font tout ça (et plus) sans salaire, sans se plaindre, mais surtout sans reconnaissance.

Sachez, mesdames, que je vous admire au plus haut point et je reconnais l'ampleur du travail que vous abattez. La preuve, quand j'ai besoin d'une journée de congé, je travaille à l'extérieur!

Ma mère est plus forte que la tienne!

Avertissement : cette chronique sera assurément sentimentale, touchante et probablement attendrissante. Et je l'assume entièrement, puisque dimanche c'est la fête des Mères, et je veux crier haut et fort : «Ma mère est plus forte que la vôtre!»

Il est vrai qu'habituellement on dit : «Mon père est plus fort que le tien!» mais à bien y penser, on devrait ajouter : «... et ma mère est plus forte que mon père!» C'est sûr que papa n'avait aucune difficulté à sortir les 50 lb de patates du coffre de l'auto. Par contre, encore aujourd'hui, maman avec ses beaux yeux rieurs peut faire soulever la voiture simplement à l'aide d'un clin d'œil... et j'exagère à peine! Parce que quand je pense au jour où ma p'tite maman a accouché de moi (elle : 5 pieds 2 pouces, 120 lb ; moi : 6 pieds, 200 lb... OK, OK, 5 pieds 11 ½ pouces, 223 lb), soulever une automobile ne me paraît pas si impossible. Et c'était avant l'épidurale, à l'époque où les femmes accouchaient avec un bol d'eau chaude, deux serviettes et trois verres de gin... un pour le médecin et deux pour le père. D'ailleurs, mon papa, supposément plus fort que tous les autres, en soulevant son fiston pour la première fois, est tombé dans les pommes. Cela devrait suffire, une fois pour toutes, à mettre fin à l'expression «le sexe faible».

On dit que l'amour des mères est inconditionnel et qu'elles s'investissent corps et âme dans leurs enfants. Après trois mois de nausées, quatre mois de maux de dos et un dernier mois à chercher une position pour dormir, elles réalisent rapidement que c'était la partie facile. Parce que, ensuite, ce sont les nuits sans sommeil, les dents, les couches, les fièvres persistantes... Et là, je ne vous parle pas de la première vitre fracassée chez le voisin, de la première sortie en solo avec la voiture, ou de l'autre type de nuits blanches, celles où nos mamans nous attendent jusqu'à 3 h du matin juste pour nous savoir sains et saufs. Avec toutes les épreuves auxquelles on les confronte, elles nous aiment sans réserve. Papa aussi t'aime, mais gare à toi si tu as *scratché* la voiture, à moins que tu n'aies marqué le but gagnant!

La patience des mères est également légendaire. Quand je repense à toutes les heures que la mienne a consacrées à m'aider à faire mes devoirs, ou celles à rester assise avec moi sur le banc du piano à superviser mes gammes, je devrais entreprendre les démarches afin qu'elle soit canonisée. Le frère André n'avait qu'à ouvrir les portes à des gens qui voulaient aller à la messe, tandis que ma mère, en plus de mon jeu exécrable, devait m'endurer me plaindre continuellement. (J'étais loin d'être un André Mathieu, et même quand je chialais, je faussais.)

Aujourd'hui, elle continue à faire preuve d'un amour inconditionnel pour son fils. Elle a même appris le français pour suivre mon *chialage* dans mes chroniques dans le *Journal*. Même si elle ne comprend pas tout, elle n'en revient pas que je n'aie pas encore reçu le prix Nobel de littérature.

C'est pour ça que le jour de notre anniversaire, ce n'est pas notre mère qui devrait nous appeler, mais nous qui devrions la visiter pour la remercier encore une fois de nous avoir donné la vie. Je profite donc de cette chronique, maman, pour te souhaiter une merveilleuse fête des Mères, car je ne pourrai pas aller te voir dimanche. Nous sommes invités à souper chez les beaux-parents. Une mère aime peut-être sans réserve, mais une belle-mère, c'est une autre histoire.

Le sexe faible?

Dimanche dernier, on célébrait le 20e anniversaire de la tuerie de Polytechnique. Chacun d'entre nous a été marqué par cet événement tragique. Pour ma part, cela me rappelle que nous n'avons toujours pas atteint l'égalité entre l'homme et la femme. Pire, on utilise encore le terme «sexe faible»!

J'ai assisté aux deux accouchements de ma femme, et je mets au défi n'importe quel homme d'en faire autant. Et rappelez-vous que les femmes ont accouché pendant 647 000 ans sans épidurale! Même un accouchement par césarienne serait trop souffrant pour un gars. Moi, ça m'a pris neuf mois pour me donner le courage de subir mon examen de prostate. Malgré cette preuve de force surhumaine, la femme continue à être un *sous-homme*. C'est vrai qu'il y a eu des améliorations depuis qu'elles ont fait brûler leurs soutiens-gorge dans les années 1960, mais il y a encore bien du chemin à parcourir.

Le dossier de l'équité salariale en est un bel exemple. C'est simple: «Tu fais la même job, t'as le même salaire», point final! Cela ne devrait pas prendre des décennies à mettre en application. On ne parle pas d'un changement de mentalité, qui peut prendre un certain temps, ou de l'imposition d'une égalité du genre: «Dans la caserne, il va y avoir 25 pompiers gars et 25 pompiers femmes.» Par contre, dès qu'il y a une femme pompière, elle devrait recevoir le même salaire. Certains suggèrent qu'elle devrait recevoir un salaire plus élevé parce qu'elle ouvre le chemin pour les autres femmes. Bon point. Mais d'un autre côté, on pourrait voir comme la prime le fait de travailler avec 49 beaux gars musclés.

Le monde des affaires est reconnu pour son conservatisme. Ainsi, rares sont les femmes PDG d'une grande entreprise. Pourtant, elles peuvent faire tout aussi bien que les hommes. J'en veux pour preuve Jacynthe Côté, nouvelle chef de direction chez Rio Tinto Alcan. Quel a été son premier geste après son accession à la plus haute fonction de la compagnie? Offrir à chaque employé un p'tit pot de confiture maison? Non! Elle a fait 14 000 mises à pied. Voilà! Aussi capable d'être intransigeante qu'un homme.

La politique est un autre secteur où les femmes sont rares à occuper la plus haute fonction (si on exclut le passage de Kim «132 jours» Campbell comme première ministre du Canada en 1993). Contrairement à Jean Charest, Pauline Marois n'aurait besoin que d'une seule main sur le volant, et elle pourrait se maquiller avec l'autre.

Une autre institution qui gagnerait énormément en s'ouvrant aussi aux femmes, l'Église catholique. *Primo*, ça lui permettrait de répondre à la pénurie de curés. *Secundo*, des prêtresses lui apporteraient une toute nouvelle clientèle. Mais comme l'Église a pris 500 ans à reconnaître que la terre était ronde, je doute fort qu'elle admette dans un avenir rapproché que la femme soit aussi proche de Dieu que l'homme.

Sans exagérer, une femme est capable de préparer un repas, aider aux devoirs, allaiter le plus jeune tout en regardant d'un œil les indices boursiers à CNN et en conseillant à son mari: «Moi, à ta place, je proposerais à ton comité finance d'investir chez GDX. Son rendement dans le dernier trimestre est le meilleur du secteur et leur indice carbone est de −5. Et pour répondre à ta question, c'est ta cravate rayée qui va le mieux avec ta chemise bleue. Ah oui! En allant à ta réunion, peux-tu me laisser à l'hôpital? Je viens de crever mes eaux!» Sexe faible, vous dites? Je dirai plutôt sexe fiable!

Femmes, je vous aime !

Dernièrement, j'ai vu un reportage portant sur l'industrie de la mode sur les ondes de CNN. On y démontrait la plus récente innovation en matière de vêtements pour dames. Il ne s'agissait pas d'un tissu révolutionnaire créé par un service de recherche et développement, mais d'une idée machiavélique issue d'un service marketing prétendument dans le but d'aider les femmes à se sentir mieux dans leur peau (et d'acheter plus de vêtements !) : certains manufacturiers ont modifié les étiquettes indiquant la taille, afin qu'une jupe de grandeur 10 devienne magiquement de grandeur 7 !

Je veux bien croire qu'on peut faire dire ce qu'on veut aux chiffres, mais quand ton poids ne change pas d'un gramme, il est virtuellement impossible de perdre trois points en taille. Les manufacturiers peuvent ainsi offrir la grandeur 0 ! Qu'on soit prêt à croire à ce genre de subterfuge prouve que notre quête de la minceur est hors de contrôle. Et pourquoi les femmes sont-elles prêtes à croire ça ? Parce qu'elles veulent ressembler à un idéal inatteignable dicté par la société, à un tel point qu'elles sont prêtes à se mentir à elles-mêmes. Si t'es prête à acheter la taille 7 en sachant très bien que c'est du 10 que tu portes, pourquoi ne pas simplement continuer à acheter du 10 (en réalité du 13), afin de flotter dans tes vêtements pour te donner l'impression d'avoir perdu du poids ?

Avec ces changements cosmétiques, l'industrie du vêtement en profite, mais l'industrie des régimes n'en continue pas moins d'en profiter largement. Des centaines de milliards de dollars y sont dépensés annuellement. Au cours de sa vie, la Nord-Américaine moyenne brûlera 340 lb en divers régimes pour finalement passer de 149 lb à 148, perdant ainsi 340 fois la même livre. Cette montagne russe de régimes la fera souffrir le martyre pour se rendre à 128 (encore loin de son idéal à 108) et la démoralisera davantage lorsqu'elle sera à 162. La vie nous amène déjà son lot de stress et d'épreuves, pourquoi en rajouter?

Désirons-nous vraiment que nos blondes ressemblent à Barbie? Saviez-vous que si on transformait la poupée Barbie en chair et en os (tout en gardant les proportions de la poupée), on créerait une asperge de 8 pieds 3 pouces ne pesant que 117 lb (dont 35 en seins). Avec de tels attributs, elle tomberait constamment face première. Barbie a beau avoir une Corvette, un Winnebago et une maison à deux étages, elle n'a pas de sexe! J'ai peut-être coulé mon cours de Biologie 412, mais je comprends que cela ne fait pas des enfants forts.

Il est indéniable qu'il existe en Occident un problème d'obésité. Mais il est également vrai que l'idéal de la femme véhiculé dans notre société fait en sorte que des femmes «normales» se sentent grosses. Pourtant, cela n'a pas toujours été le cas. Allez faire un tour au Musée des beaux-arts pour admirer les superbes modèles féminins de Rubens, de Rembrandt et de Modigliani. Point n'est besoin de retourner à l'époque des grands maîtres, les années 1950 nous ont offert Marilyn Monroe, Sophia Loren et Gina Lollobrigida!

Alors, mesdames, on vous aime comme vous êtes. Ne vous pressez pas à atteindre la taille 0, on y arrivera tous bien assez vite... à notre mort.

Drôles de dames

Cette année, contrairement à la tradition, ce n'est pas le beau-frère qui m'a importuné lors du réveillon, mais la belle-sœur. Elle a déclenché les hostilités en criant à l'autre bout du salon : «Avoue-le donc, Christopher, les femmes sont aussi drôles que les hommes!» Il faut dire que Lyne n'était pas dans son état habituel, et j'en prends la responsabilité. C'est moi qui ai introduit le *eggnog* (un mélange explosif de lait, d'œufs, de rhum et de muscade), une création typiquement anglophone, à ma belle-famille.

J'ai répliqué à Lyne... dès sa sortie de la salle de bain : «Je dirais que les femmes sont loin d'être aussi drôles que les hommes... normalement.» Mais en voyant un chou d'emballage pris dans ses cheveux, une collection d'échelles dans ses bas de nylon, et sa belle blouse blanche maintenant tachée de couleurs, je dirais que oui, les femmes sont aussi drôles que les hommes, sinon plus! C'est là que la chicane a pogné pour vrai! Très vite, la pièce s'est divisée en deux, les gars d'un bord, les filles de l'autre. Ce n'était pas beau à voir ni drôle à entendre. Je me suis fait traiter de macho, de sexiste et d'ignorant, le tout agrémenté de mots en latin que ma pudeur (et le comité éditorial du *Journal*) ne me permettent pas de retranscrire. En tout cas, ce soir-là, les femmes ont surtout démontré qu'elles pouvaient être l'égale de l'homme dans des débats cacophoniques et stériles du type *110 %*[15].

Ne vous inquiétez pas, le soir du jour de l'An, tout était revenu à la normale. Ma belle-sœur Lyne me hait encore, pas parce que je suis un homme, mais parce que je suis un Anglais! Maintenant, mesdames, avant que vous me haïssiez toutes, laissez-moi préciser le fond de ma pensée. Comprenez-moi bien, les femmes peuvent être aussi drôles

---

15. Défunte émission de débats sportifs, principalement de hockey, sur les ondes de TQS (devenu V depuis).

que les hommes. Toutefois, jusqu'à maintenant, elles n'en ont pas eu besoin. C'est une question d'évolution, d'évolution de l'espèce. Vous trouvez que j'exagère ? Je vous rassure, je n'ai pas touché au *eggnog* depuis le 24 au soir.

Pour un homme, le sens de l'humour est bien souvent existentiel ; cela remonte à l'époque de l'homme des cavernes. À moins d'être chef de la tribu ou le plus fort physiquement, l'homme devait être drôle pour assurer sa descendance. L'homme se sert de son sens de l'humour afin d'assurer la continuité de l'espèce. Au même titre que les chances de reproduction du paon dépendent de la beauté de son plumage. Cela fait partie des besoins primaires (dans la pyramide des besoins du psychologue Abraham Maslow) comme manger et se réchauffer.

Et de nos jours, les choses n'ont pas beaucoup changé ou évolué si vous voulez. Il n'en demeure pas moins que si tu ne veux pas passer ton samedi soir seul devant *Bleu nuit* et que tu n'es pas un président de république ou millionnaire, tu es mieux d'être drôle. Tandis que la femme n'a pas eu à développer ce talent, il lui suffit d'indiquer ses préférences. Et le sens de l'humour demeure la première qualité que la femme cherche chez un partenaire...

L'humour permet également aux hommes d'exprimer leurs émotions, qu'elles soient positives ou négatives. Questionné à propos d'une nouvelle relation prometteuse, l'homme lâchera un : « Je pense qu'on va faire les séries ! » Comme il extériorisera une séparation difficile avec un : « Booooonsooir ! Elle est partiiiie ! » Permettez-moi de conclure avec un message à ma belle-sœur : « Je t'apprécie vraiment... même que si je n'étais pas marié à ta sœur, je suis sûr qu'on ferait les séries ! »

Le pouvoir aux femmes

Une autre semaine chargée de testostérone se termine. Avec Bush et Harper qui intimident les plus faibles pour les embarquer dans leur destruction du protocole de Kyoto, mais surtout avec le président iranien Mahmoud Amadinejab qui fait son *toffe* à l'ONU. On dirait des garçons qui jouent au plus fort dans la cour de l'école. On est passé de «Mon père est plus fort que le tien» à «Mon économie est plus forte que la tienne», et de «Moi, j'ai des Nike, toi non!» à «Moi, j'ai du nucléaire, toi non!». C'est effrayant de voir que nos vies sont à la merci d'hommes avec autant de pouvoir, mais si peu de jugement.

Heureusement, une bonne nouvelle est venue mettre un baume sur tout ça, l'élection de Pauline Marois[16]! Abstraction faite des convictions politiques de chacun, l'arrivée d'une femme, chef de parti, à l'Assemblée nationale ne peut qu'être une bonne nouvelle. Même que cela en prendrait plus... beaucoup plus. Et pas seulement dans l'opposition, mais au pouvoir également.

Et ça s'en vient. Ségolène[17] est passée tout près de réussir le printemps dernier, Hillary est en très bonne position pour être la candidate des démocrates aux présidentielles de 2008. Ça démontre qu'il y a de l'espoir. Je ne suis pas plus féministe que mon garagiste, mais entre la gang des p'tits morveux qui jouent aux gros bras et les filles, mon choix est fait depuis longtemps!

Avec des femmes au pouvoir, notre monde serait sûrement meilleur. Bon, c'est sûr qu'il y a eu de mauvais exemples dans le passé. Pensons

---

16. Trois mois après avoir été élue chef du Parti québécois, Pauline Marois fait un retour à l'Assemblée nationale comme députée de Charlevoix.

17. Ségolène Royal est la première femme à accéder au second tour d'une élection présidentielle française, mais elle a été battue par Nicolas Sarkozy, avec 46,94 % des suffrages exprimés.

à Margaret Thatcher, la «Dame de fer» comme on l'appelait, qui était plus proche des hommes dans ses politiques, et soyons francs, dans son *look* aussi! La reine? Même problématique. Lady Camilla, l'épouse du prince Charles? Elle, c'est pire, elle est plus proche du cheval que de l'homme! Finalement, ce ne sont peut-être pas les femmes le problème, mais les Britanniques. Toutefois, avouez que toutes nationalités et religions confondues, les plus grands leaders furent des femmes. Prenez Jésus, Gandhi, le dalaï-lama... Bon, c'étaient des hommes, mais ils s'habillaient en robe!

Et des robes, ça nous changerait des habits noirs ou bleu foncé avec chemise blanche. Même des robes multicolores comme celles de la mairesse Boucher... qui était un leader avec une palette de compétences encore plus large que sa palette de couleurs. Avec de tels leaders, je suis convaincu que le G8 serait beaucoup plus efficace avec des dirigeants féminins. D'autant plus que les réunions du G8 ne seraient plus dérangées par des manifestants, car dorénavant, ça s'appellerait le Point G8 et personne ne pourrait les trouver.

Avec des femmes au pouvoir, il y aurait beaucoup moins de violence dans notre monde! Avant qu'elles réussissent à trouver une position feng shui aux canons, elles auront oublié la raison du conflit. Pendant ce temps-là, les soldates vont lancer à leurs ennemies des phrases assassines du genre: «Ouais, ça va te prendre plus de camouflage que ça pour cacher ton postérieur.» C'est très blessant, mais ça fait quand même moins de morts qu'une bombe atomique.

De plus, avec leur capacité de faire plusieurs choses à la fois, les femmes sont infiniment supérieures au sexe fort. Une première ministre pourrait envahir l'Iran, débattre de quatre, cinq projets de loi, tricoter un chandail, tout en surveillant deux enfants, trois bébés et les quatre ronds du poêle, avant que George Bush trouve le moyen d'ouvrir un sac de bretzels!

Et pourquoi s'en tenir aux politiciens? On pourrait avoir plus de femmes mécanos... en tout cas, c'est ce que croit Diane, ma garagiste!

Religion

Je m'estime très heureux de vivre dans un pays où l'on peut s'exprimer ouvertement sur la religion. Dans certaines parties du monde, d'aucuns risquent leur vie en critiquant la religion de quelque façon que ce soit. Pour ma part, le fait d'avoir sermonné toutes les religions de façon égale a sûrement aidé. Je dois vous avouer par contre que j'ai déjà reçu une lettre de menace. C'était de la part d'un curé à la retraite du nord de l'Ontario (ma région natale), qui me trouvait désobligeant envers l'Église catholique. Il m'a fait savoir que si j'écrivais une autre chronique de la sorte, il cesserait de prier pour la sauvegarde de mon âme. Avouez que ce genre de menace est moins inquiétant qu'une fatwa émise par un imam radical de l'Arabie Saoudite.

• •

Bravo!

J'aime bien ton analyse et ta façon de voir les choses. Dans tes suggestions, tu pourrais ajouter le niqab pour contrer le H1N1, il serait d'une utilité incroyable. Je lis presque toujours le Journal de Montréal, mais je fais rarement attention aux journalistes, mais à partir de ce soir, vous avez un nouveau fidèle à votre rubrique.

Un Québécois pur arabe musulman

• •

Joyeux mélange !

Le temps des fêtes est d'abord et avant tout un temps de partage, et ce, peu importe ses croyances religieuses et ses origines. Mon souhait le plus profond est que toutes les religions s'unissent, au moins pour la durée du temps des fêtes. Qui sait, peut-être cela nous donnera-t-il le goût de vivre ensemble en véritable harmonie !

Je sais que mon introduction est formulée comme une carte de souhaits à la Hallmark, mais c'est le temps de fêtes, et mon nom c'est Hall ! Néanmoins, je demeure convaincu que si on prenait le meilleur de chaque religion, notre place au paradis ne serait peut-être pas assurée, mais notre séjour sur la terre serait sûrement plus agréable.

Nous devrions même pouvoir construire une religion à partir de différentes croyances sans qu'un fidèle soit excommunié. Si tous les dictateurs et militaires de ce monde sont capables de prendre une pause le jour de Noël, pourquoi serions-nous incapables d'en faire une de deux semaines ? De plus, cette mixité de religions aurait l'avantage de faire connaître l'autre à l'autre !

Ainsi, pour avoir une période des fêtes magique, je prendrais, de la religion chrétienne, l'aspect du don comme l'ont mis en place les trois rois mages. C'est génial, même si tu arrives en retard, c'est impossible de ne pas te faire aimer quand tu as les mains pleines de cadeaux. En plus, cela stimule l'économie.

De nos amis musulmans, j'emprunterais la possibilité d'avoir plus d'une épouse. Imaginez-vous arrivant au réveillon chez oncle Roger avec quatre femmes à votre bras! Inutile d'apporter des cadeaux. Par contre, question de respecter le principe d'égalité homme-femme si cher à la nation québécoise, je décrète que si j'ai le droit à quatre blondes, ma femme aussi a le droit... d'avoir quatre blondes.

Je ne prendrais rien de la religion juive. Déjà qu'on lui a pris Jésus, c'est un gros morceau. Je vous rappelle qu'il était leur roi, et on en a fait notre premier choix au repêchage! C'est sur lui qu'on a bâti la concession.

Du bouddhisme, le côté zen. Non seulement nous magasinerions de façon moins frénétique, mais nous digérerions beaucoup plus facilement le repas du réveillon en étant assis en lotus tout en se flattant la bedaine.

De la religion hindoue, la déesse Lakshmi. Avec ses quatre bras, elle serait parfaite pour nous donner un coup de main avec le ménage de l'après-réveillon. De plus, Lakshmi est la déesse briseuse de mauvaises habitudes, elle pourrait donc nous aider avec nos résolutions du Nouvel An.

Des raëliens, je récupérerais leur sens de la fête. Plusieurs préféreraient qu'on ne prenne rien d'eux, car leur secte est trop farfelue, avec Raël qui prétend avoir lunché avec Jésus, Bouddha, et Mohammed sur les ailes de Air-Ovni! Mais souvenez-vous que la religion catholique a son lot d'incongruités. Pensez seulement à la transsubstantiation et à l'Immaculée Conception. J'aurais bien aimé être là pour entendre les explications de Marie à Joseph: «Es-tu assis, Joseph? En tout cas, t'en croiras pas tes oreilles. Quand je disais que c'était le gars d'en haut qui m'avait fait ça, je ne parlais pas du voisin!» En tout cas, Dieu devait être très bon, car depuis ce fameux soir, toutes les femmes crient: «*Oh my God!*»

Peut-être suis-je utopiste. Il n'en demeure pas moins que durant le temps des fêtes, nous devrions minimalement mettre un accent sur le partage, particulièrement avec les gens seuls et ceux aux moyens financiers limités. Ne dit-on pas : «Un malheur partagé est divisé, un bonheur partagé est multiplié.» Allez! Mélangez-vous et partagez tout, sauf les microbes!

Les nouvelles pénitences

La semaine dernière, le Vatican a émis une liste de nouveaux péchés. Je doute fort que d'en ajouter fera augmenter le nombre de fidèles.

Déjà qu'il fallait quasiment mener une vie de moine pour respecter les sept péchés existants. Je crois néanmoins que cette mise à jour est une excellente initiative. Par contre, si l'Église catholique désire faire une véritable mise à jour, elle devrait également moderniser ses pénitences.

Fini le temps où tu trompes ta femme et que tu t'en tires avec trois «Notre Père» et deux «Je vous salue, Marie». Si on actualise la liste des péchés, il faut en faire de même pour les conséquences. Prenons, par exemple, M. Eliot Spitzer[18], l'ex-gouverneur de l'État de New York. Clairement un cas de péché de luxure. Dans le fonctionnement actuel, M. Spitzer s'en tire en s'excusant à la télévision devant ses concitoyens, avec sa femme à ses côtés. Et le soir venu, il se met à genoux pour réciter un rosaire. Je propose plutôt que ce soit devant sa femme qu'il se mette à genoux pour ses excuses à la télévision et que, par la suite, il doive livrer trois «Notre Père», deux «Je vous salue, Marie» et une très généreuse pension alimentaire.

Abordons maintenant le péché de la gourmandise. Voilà un péché où il faut de toute évidence actualiser les pénitences. Si on se fie aux statistiques mondiales sur l'obésité (soit près de 50 % de la population occidentale), la gourmandise est l'un des péchés les plus populaires.

---

18. En mars 2008, le *New York Times* révèle qu'il est un client d'un réseau de call-girls haut de gamme. Accompagné de son épouse, il reconnaît ces informations au cours d'une conférence de presse. Il démissionnera quelques jours plus tard de son poste de gouverneur de l'État de New York. Ce qui est assez ironique puisqu'à titre d'*attorney general* de New York (1999-2007), il était surnommé le «shérif de Wall Street» pour son action virile envers les responsables de réseaux de prostitution.

Mais, encore une fois, les pénitences sont beaucoup trop *faiblettes*. Tu te bourres la face avec un baril du Colonel à toi tout seul, et ensuite, si tu as assez d'énergie pour te rendre à l'église, celle-ci te ramène dans le péché en t'offrant une hostie. Non, si tu abuses de la bonne chère, tu ne t'en sors pas simplement en récitant quelques versets ecclésiastiques. Dès ta sortie du confessionnal, tu dois réciter, non pas dix «Notre Père», mais exécuter quatre séries de dix *push-up*.

Les nouvelles pénitences s'appliquent également aux nouveaux péchés. Par exemple, le péché de la *pollution de l'environnement*. Si on regarde l'état de la planète, force est de constater que c'est un péché que nous commettons tous. Malheureusement, les pénitences pour ce péché ne sont pas une option, elles sont déjà là : inondations, tsunamis, ouragans de catégorie 5, tempêtes de verglas et toutes les autres conséquences du réchauffement de la planète. Dans ce cas-ci, ce n'est pas «Notre Père» qu'il faudrait supplier, mais «Notre Mère Nature» d'y aller plus mollo.

L'ajout des crimes financiers comme péché m'a réjoui le cœur. En effet, quand je vois les Vincent Lacroix et Conrad Black de ce monde s'en tirer avec un «Je vous salue, Marie», le sang me glace.

La décision du Vatican de faire des crimes financiers un nouveau péché capital me réjouit au point où j'ai sérieusement considéré de me convertir au catholicisme. Par contre, au lieu d'inventer une nouvelle pénitence pour ce type de péché, je ramènerais une ancienne forme de punition : la lapidation. «Que celui qui a été floué le premier lance la première pierre !»

R. I. P., Église catholique?

L'Église catholique vit présentement une crise d'une amplitude apocalyptique. Chaque jour, de nouveaux scandales d'abus et de pédophilie émergent de partout dans le monde. Le Saint-Père lui-même aurait été impliqué dans l'un d'eux. Alors que des voix s'élèvent réclamant sa démission, le rejet de l'Église s'amplifie au point où plusieurs annoncent la fin de l'Église catholique. Mais serions-nous en train de jeter le bébé avec l'eau bénite du bain?

C'est clair comme de l'eau de Pâques que l'Église catholique n'est pas d'une pureté exemplaire, particulièrement dans le cas des prêtres pédophiles. Elle a agi comme si la pédophilie était un simple péché et non un crime grave. Évidemment, quand une description de tâches inclut une fonction d'autorité et beaucoup de contacts avec de jeunes garçons, il y a de bonnes chances d'attirer des candidats avec des tendances pédophiles. Malgré toutes ces pommes pourries, la majorité des curés sont des hommes bons, qui sont là pour les bonnes raisons.

En plus d'avoir sa large part de cas de pédophilie, le Québec a bien des raisons de prendre ses distances de l'Église catholique. Jusqu'à la Révolution tranquille, l'emprise de l'Église fut quasi totale pendant des siècles. En même temps, n'eût été cette emprise, nous ne serions pas six millions au Québec et nous ne parlerions pas français. Alors, sans vouloir excuser ses multiples abus, il serait dommage que cette dernière série de scandales sonne le glas de l'Église. Quand toutes les églises seront transformées en condos, à quelle porte vais-je frapper pour de l'aide spirituelle?

Faisons un parallèle avec le monde de la finance. Vincent Lacroix et plusieurs du même acabit ont abusé financièrement de milliers de petits investisseurs, cela ne veut pas dire que tous les conseillers financiers sont des magouilleurs. Et nous n'avons pas renié le capitalisme pour autant. À ce titre, il ne faudrait pas rejeter le catholicisme ; pensons d'abord aux aspects positifs qu'il apporte.

Juste le fait d'aller à la messe le dimanche matin, c'est une communion, non seulement avec le Seigneur, mais avec toute sa communauté. Par exemple, à la sortie de la messe, le parvis de l'église est un Facebook... mais en trois dimensions et avec de vrais amis. Pas besoin de *poker*, de *chatter* ou de laisser un message sur ton *wall*, les gens sont là pour vrai. Jadis, tout le village s'y donnait rendez-vous. C'était un Réseau Contact par excellence, vous évitant bien des rendez-vous virtuels et des heures de *chat* avec un pseudo-adonis prétendument pompier. Alors qu'à la messe, tu vois immédiatement que Julien est le résultat d'une union cousin-cousine, qui a tellement peur du feu qu'il se sauve dès que l'encens brûle. Même chose pour les hommes cherchant l'âme sœur. Oubliez les samedis soirs de *cruise* dans des bars mal éclairés, trop bruyants, trop arrosés, avec des filles trop maquillées. Si tu veux vraiment voir de quoi la fille a l'air le lendemain matin, va directement à l'église le dimanche matin. Tu éviteras de coucher avec ta cousine, et d'avoir un fils qui a peur de la fumée d'encens.

De plus, la religion chrétienne n'a que 10 commandements. Si tu contreviens à l'un d'eux, tu n'as qu'à te confesser ; un «Notre Père» et deux «Je vous salue, Marie» suffisent pour être pardonné.

Il faut considérer aussi que l'Église catholique s'est beaucoup améliorée au cours des derniers siècles. À quand remonte la dernière Inquisition commandée par le pape? Il y a belle lurette qu'on ne brûle plus les hérétiques sur la place publique. Il y a certes place à l'amélioration, mais le catholicisme semble meilleur que certaines religions qui se pointent à l'horizon. Je refuse que ma femme soit obligée de se voiler ou que ma fille se fasse lapider pour avoir embrassé Julien... même s'il est son cousin !

Un nouveau carême

C'est aujourd'hui en ce Vendredi saint que se termine le carême. Levez la main ceux qui ont respecté les règles de la plus grande fête chrétienne... C'est bien ce que je pensais, plus personne n'attend le dimanche de Pâques pour manger du chocolat.

Traditionnellement, les Québécois étaient parmi les plus obéissants envers les préceptes du carême. Pendant 40 jours, les fidèles étaient en mode privation, tous sans exception. Car ils savaient que Dieu les observait, et qu'un simple bonbon leur vaudrait un aller simple en enfer. De nos jours, la seule chose dont les gens se privent, c'est de se priver. Résultat, le carême passe de façon aussi inaperçue que Kim Jong-il dans un hôpital psychiatrique.

De toute évidence, l'Église catholique aurait intérêt à moderniser le carême. Mais comme elle change aussi rapidement qu'un bloc de granit fond au soleil, j'ai décidé de prendre l'initiative dans ce dossier.

Au départ, changeons l'aspect punitif du carême. Au lieu d'une période de privation où l'on se sent coupable envers une entité supérieure (en occurrence, Dieu pour les chrétiens), voyons cela comme une période de purification personnelle envers soi-même. Tu arrêtes de manger du chocolat pas pour éviter de faire de la *pépeine au p'tit Jésus*, mais pour éviter une visite chez le dentiste. Tu te prives d'un troisième verre de vin pour garder ton foie en bon état, ou encore d'un sixième verre pour ne pas te réveiller à côté de quelqu'un que tu ne connais pas.

L'idée derrière ce nouveau carême est de te priver de quelque chose non pas pour te punir, mais pour faire de toi une meilleure personne (pour créer ultimement un monde meilleur). Car se priver pour se priver n'amène aucun avancement personnel. C'est comme un végétarien qui se priverait de viande pendant 40 jours.

Il s'agit que le carême soit personnalisé pour chaque individu ou groupe de personnes. Par exemple, avec la récente série de tueries aux États-Unis, il serait approprié pour les Américains de se priver durant le carême de leur droit constitutionnel du port d'arme. Pour nos politiciens, ce nouveau carême représente un défi de taille au cours duquel ils devront se priver de magouille. Cela ne sera pas facile, mais rappelez-vous, le but est de devenir une meilleure personne. Et qui sait, peut-être cela leur attirera des votes (cette approche machiavélique saura les motiver). Tous les propriétaires de VUS devraient passer leur carême à vélo. Non seulement votre corps vous remerciera, mais vos petits-enfants et arrière-petits-enfants aussi.

J'invite également les autres religions à se joindre à nous. Cela serait facile pour les juifs et les musulmans, ils ont déjà l'équivalent du carême dans leur religion. Par exemple, durant ce nouveau carême, les Israéliens et les Palestiniens se priveraient de se haïr mutuellement. Le reste de l'année, ils pourraient faire ce qu'ils veulent, mais pendant le carême, ils devraient s'aimer les uns les autres.

J'avoue que c'est beaucoup demander aux gens de faire un travail aussi intensif sur eux-mêmes, et ce, pendant 40 jours. Et c'est d'autant plus difficile si l'on considère le rythme effréné de notre vie moderne. C'est pour ces raisons que mon carême ne durera qu'une seule journée; 24 heures, ça ne devrait pas être trop difficile. Cela nous permettrait l'année suivante de faire un carême de deux jours, puis de trois, puis de quatre, et ainsi de suite. Donc, d'ici 365 ans, nous aurions la paix sur terre.

J'avoue que 365 ans, c'est un peu long. Toutefois, quand on constate ce que les religions nous ont apporté en ce sens en plus de 2000 ans, ça vaut la peine d'essayer.

Mariage déraisonnable

La semaine dernière, un tribunal de Lille dans le nord de la France a annulé un mariage parce que la mariée musulmane avait menti sur sa virginité. En France! La semaine dernière! Pas en Complexistan en 1737! En France, pays de liberté, fraternité et... virginité?!?

Tu parles d'un accommodement déraisonnable! Dire qu'ici, en Nouvelle-France, nous nous sentons trop accommodants d'accepter kirpan, voile et vitres givrées. Et voilà qu'en France on accepte qu'un mariage soit annulé parce que la femme a gardé ce qui était privé... *privé*. Oserait-on faire de même pour un monsieur qui omet de dire qu'il a des boutons dans le dos? Ça sera quoi, la prochaine étape? Quand tu vas découvrir que ta femme est une vraie vierge, mais une fausse blonde, alors tu obtiendras le droit de la lapider!?

Non, l'idée d'annuler un mariage parce que la femme n'est pas vierge, c'est non seulement misogyne, mais carrément médiéval. Je dirais même plus, cro-magnon.

Au contraire, le fait d'être vierge est plutôt un handicap. Imaginez si c'est seulement une fois mariée que la fille constate qu'elle n'aime pas le sexe. Là, tu vas découvrir exactement ce que veut dire «pour le meilleur et pour le pire, jusqu'à ce que la mort vous sépare».

On devrait plutôt souhaiter une femme qui a acquis une certaine expérience. Je ne suggère pas ici que toutes les jeunes femmes se jettent sur le premier venu. Toutefois, imaginez le potentiel d'une nouvelle mariée qui n'est pas à son premier... tour de piste. Une fiancée qui arrive avec autre chose dans son trousseau qu'une coutellerie, deux draps et trois grille-pain! C'est sûr que les hommes courent un risque d'être comparés: «Manuel était pas mal plus... manuel.» C'est peut-être ça qui faisait peur à notre homme en France. Et c'est dommage! Il aurait pu profiter de l'expérience de sa dulcinée, et s'ouvrir à de nouveaux horizons. Au lieu de se limiter à la position du missionnaire et de la levrette, notre homme aurait pu découvrir autre chose sans même sortir de sa chambre. Je vous garantis que la position de la mante religieuse et celle de la gazelle bondissante sont pas mal plus divertissantes qu'un safari de trois semaines en Afrique australe.

Et si on exigeait également que l'homme soit vierge ! Bon, c'est sûr que c'est plus difficile à prouver, mais soyons conséquents. Si la femme doit être vierge, l'homme doit l'être aussi. Imaginez la déception d'une nuit de noces qui dure 3 pouces et 32 secondes !

La virginité devrait être le moindre de nos soucis ! Il y a tellement d'éléments plus importants dans la réussite d'un couple : la communication, les champs d'intérêt communs, la famille et les projets d'avenir. Gilles Vigneault chantait *Qu'il est difficile d'aimer*, mais quand je vois aller notre ami français qui non seulement insiste que sa future soit vierge, mais qu'il le fasse aussi vérifier, je vois qu'il est beaucoup plus facile de haïr.

Seule consolation dans cette histoire, si le gars a découvert que sa promise n'était pas vierge, elle aura, en revanche, découvert que son promis était un con. Et c'est probablement pour ça que l'annulation du mariage a reçu un consentement mutuel.

Aime ton prochain

Dans les 10 derniers jours, tous se sont prononcés sur la nouvelle réglementation de la ministre Courchesne permettant l'ouverture des écoles le dimanche. Les pédagogues, les psychologues, les enseignants, les syndicats, les experts du Ministère, les rabbins, le Congrès juif, les éditorialistes, les amateurs de tribunes téléphoniques, tous ont mis leur grain de sel. En revanche, nous n'avons rien entendu de la part des principaux intéressés : les élèves.

Je me demande même si on les a consultés. Pas besoin! Je vais vous dire ce qu'ils pensent d'aller à l'école le dimanche. Qu'ils soient juifs, arabes, grecs, maoris, inuits, acadiens, burkinabés, hérouxvillois ou québécois, la réponse est : « Non, merci! » Et ça, c'est la version censurée.

Et vous, que diriez-vous de travailler six jours par semaine? Non seulement nos enfants sont au bureau cinq jours par semaine, mais à cela s'ajoute quotidiennement une cargaison de devoirs. Levez la main ceux qui apportent de l'ouvrage à la maison chaque soir? (C'est beau, Gilbert, descends ta main, t'as l'air fou tout seul au restaurant le bras levé!) Pensez-vous que le fait d'empiéter avec encore plus de formation et le peu de temps libre qu'il leur reste fera de nos enfants de meilleurs êtres humains ou des *workaholics*?

Heureusement, très peu d'écoles appliqueront des modifications, sauf celles pour qui ces changements ont été traficotés : les écoles juives orthodoxes, qui profiteront de cet accommodement déraisonnable pour endoctriner davantage leurs jeunes. Je veux bien croire que la transmission de leurs traditions est importante (comme pour toute tradition), mais quand c'est rendu que cet apprentissage te met hors contact avec la réalité, il y a un problème. Si vous tenez absolument à faire du bourrage de crâne d'anciennes lois et de propagande religieuse, faites-le dans l'intimité de votre maison et non à l'école. Je veux bien croire que le conflit entre Babylone et les pharisiens il y a 4000 ans a été déterminant pour votre peuple, mais la Révolution tranquille, qui a eu lieu il y a seulement 40 ans, a été beaucoup plus déterminante pour tous ceux qui vivent dans la réalité d'aujourd'hui. Je ne dis pas que les vieux écrits ne peuvent pas contenir des choses pertinentes. Quand on regarde aller la vitesse à laquelle les glaciers fondent, il pourrait s'avérer très utile à nos jeunes d'apprendre à construire une arche!

Il est vrai que la tradition orthodoxe juive est riche et complexe. Par exemple, ils ont 613 commandements à observer. Dans la tradition chrétienne, il y en a 10, et on a de la difficulté à les appliquer! Imaginez 613. Un vieux rabbin m'a dit un jour: «Malgré toutes ces lois, il n'y en a qu'une qui compte: Aime ton prochain comme toi-même. Le reste, c'est des détails.»

Je ne suggère pas que ces communautés délaissent l'étude du Talmud, mais simplement qu'elles étudient autre chose. Si tu ne lis que le Talmud, tu ne connaîtras que le Talmud (et cela s'applique également au Coran, à la Bible et au *Guide de l'auto*). D'un autre côté, je ne crois pas qu'il soit nécessaire que ces jeunes passent leurs journées à tisser des ceintures fléchées, en chantant la Bolduc, autour d'une poutine garnie du fromage le P'tit Québec. Soyons ouverts aux autres cultures, mettez du fromage feta.

Sérieusement, pour aimer son prochain, il faut d'abord le connaître. Je citerais bien Gilles Vigneault quand il chante: «Qu'il est difficile d'aimer», mais je crains qu'ils ne connaissent encore moins M. Vigneault que leurs voisins. Mais encore faut-il connaître non seulement M. Vigneault, mais aussi son voisin.

Pour un Québec *niqabisé*

Depuis deux semaines, nous sommes replongés dans le psychodrame des accommodements raisonnables. Il n'a suffi que d'une jeune femme portant le niqab pour nous forcer à réaffirmer nos valeurs identitaires. En partant, il faut dire qu'on est un peuple très accommodant, et juste le fait d'affirmer notre identité nous demande tout notre p'tit change. S'il y a une chose qu'on ne veut pas, c'est déplaire. Mais à un moment donné, comme ils disent en France : «*Enough is enough!*»

On sent effectivement un ras-le-bol national par rapport aux accommodements déraisonnables, particulièrement concernant le niqab : «Le niqab, pas qapab!» Mais avant de trancher définitivement sur ce bout de tissu, rappelons-nous ce que disait le vieux sage autochtone Grizzly Grisonnant : «Avant de juger un homme, tu dois marcher sept jours dans ses mocassins.» Je l'ai essayé... bon, je n'ai pas porté le niqab pendant sept jours, mais ça fait sept jours que j'y pense. Et je n'y ai vu que des avantages. Le seul problème, c'est que, pour l'instant, Naema, la jeune femme en question, est la seule à porter le niqab, la seule à monter aux barricades pour défendre ses croyances. C'est la Madeleine de Verchères de notre époque.

Imaginez si nous portions tous le niqab, si le Québec était entièrement niqabisé. Malheureusement, nous voyons tous le niqab comme quelque chose qui isole. Voyons-le dans une autre perspective. Le niqab pourrait être un élément unificateur, un symbole d'identité plus puissant que la fleur de lys! Approprions-nous le niqab. Faisons-le nôtre. Si tout le monde portait le niqab (tant les hommes que les femmes), nous atteindrions réellement l'égalité des deux sexes. N'est-ce pas là notre valeur première? Ironiquement, le niqab, qui, au départ, relègue les femmes à un statut inférieur, deviendrait l'égalisateur par excellence. Ce simple bout de tissu briserait des barrières qui existent depuis des millénaires.

Vous êtes une belle femme qui s'attire trop de commentaires sexistes et de regards concupiscents ? Portez le niqab. Vous êtes blonde et vous êtes tannée de passer pour une nunuche ? Le niqab. Vous êtes rousse et vous êtes lasse de passer pour une cochonne ? Le niqab.

Et c'est tout aussi valable pour les gars. Permettez-moi ici d'utiliser un exemple personnel. Votre visage de bellâtre crée de la jalousie parmi vos collègues de travail ? Portez le niqab. Après 22 mois de prison, vous tentez de refaire votre vie comme conseiller financier ? Le niqab. Même les ados en profiteraient. Tu es gêné de parler avec tes nouvelles broches, ou ton doux visage d'ado bourgeonne de boutons ? Le niqab. Ou peut-être avez-vous tout simplement pigé tard dans le sac à faces ? Le niqab. La couche d'ozone vous inquiète ? Le niqab. Vous êtes coincé dans le fond de l'Abitibi avec quatre millions de maringouins au pied cube ? La burka !

Pourquoi pas ? Avec un voile intégral pour tous, ce serait un monde encore meilleur. Fini le racisme, le sexisme, les classes sociales, la superficialité. Tout le monde de la même couleur, et à peu près de la même grosseur !

Le seul argument proniqab qui me pose problème, c'est quand on déclare comme Naema porter le niqab pour « être plus proche de Dieu ». Dieu, tu risques de passer l'éternité avec lui, alors le temps que t'es avec nous, passe-le avec nous ! Alors, tout compte fait, peu importe les raisons invoquées pour justifier le port du niqab, je réponds en paraphrasant Yvon Deschamps : « On veut pas le savoir, on veut te voir ! »

Technologie

La technologie m'a toujours fait peur. C'est probablement parce que j'ai grandi dans une maison où le seul appareil électronique était un réveille-matin à affichage numérique. Oui, oui, j'ai bien dit *le seul*... nous n'avions même pas de télévision! Le samedi soir, toute la famille s'assoyait devant le réveil, dans le noir, et nous étions tout excités quand le 5 devenait le 6. Mais quand le 7 se transformait en 8, c'était magique!

Ce qui explique que j'ai toujours été fasciné par la technologie, mais sans jamais être tout à fait à l'aise.

• •

Moi ça fait au moins 15 ans que je crie haut et fort avec mes chums, ma famille et tout le monde que la croissance de la technologie est inversement proportionnelle à la régression humaine. Les exemples que tu soulignes sont excellents et vont droit dans le mille!

Carl

• •

Une semaine sans télévision

Vous ne l'avez sûrement pas vu annoncé à la télévision, mais nous sommes au beau milieu de la Semaine sans télévision. Et cela pourrait nous faire grand bien d'y participer, car chaque Québécois regarde en moyenne 24 heures de télévision par semaine, 24 heures! Ça représente une journée entière (incluant la nuit) assis sur ses fesses, sous le joug de la télé.

Cette statistique me frappe d'autant plus fort que j'ai grandi dans une famille où il n'y avait pas de télévision. Ne vous en faites pas, j'ai quand même connu les mésaventures de Gilligan et les voyages intergalactiques de *Star Trek*. C'est d'ailleurs comme ça que je choisissais mes amis: «Avez-vous la télé chez vous?» Avec ce genre de question, on me jugeait souvent plus extraterrestre que M. Spock, mais au moins j'étais un de la gang.

Quand je constate qu'aujourd'hui la gang passe en moyenne près de quatre heures par jour devant la télé, j'en déduis que la télévision prend trop de place dans nos vies. Vingt-quatre heures par semaine, c'est un emploi à temps partiel, imaginez ce que nous pourrions réaliser avec tout ce temps! Et n'allez pas chercher sur Internet, je ne crois pas que 24 heures par semaine devant l'ordinateur soient guère mieux.

Je ne propose pas de faire comme mes parents et d'éliminer la télévision, car comme le dit l'expression: «Trop, c'est comme pas assez.» Il faut avoir un peu de télévision dans sa culture, mais il ne faut pas que sa culture ne soit que télévisuelle. Surtout qu'on est trop souvent dans l'abrutissant plutôt que dans l'enrichissant. Encore là, point n'est besoin d'aller à l'extrême et de passer vos journées devant Télé-université! C'est tout à fait relaxant de regarder de temps en temps une émission avec son cerveau à *off*, mais si ta matière grise est hors tension 24 heures par semaine, elle commence à faire du ventre. Pis un cerveau qui a une bedaine, ce n'est pas joli, joli.

Des études scientifiques ont démontré que l'activité cérébrale d'une personne regardant la télévision est la même qu'une personne qui dort. Au moins, quand on dort, on rêve, et lorsqu'on rêve, on fait travailler notre imagination, ce qui nous arrive peu souvent en regardant la télévision.

Je vous propose donc un exercice en cette Semaine sans télévision. Faites comme si on était en 1955, dans le temps où il y avait une télévision toutes les cinq maisons, et non cinq télévisions par maison. Éteignez votre téléviseur. Je sais que c'est difficile en période de séries de la coupe Stanley, mais dites-vous que les années 1950 c'était l'époque glorieuse des Glorieux. Alors, ouvrez votre radio... et votre imagination. Même si ce n'est pas René Lecavalier qui sera au micro, dans votre tête, tous les joueurs pourraient avoir la fougue d'un Maurice Richard ou la finesse d'un Jean Béliveau. Évidemment, cela ne changera pas le score, mais au moins votre imagination pourra dire: «Définitivement, Lionel, j'ai travaillé fort dans les coins et j'ai donné mon 110 %!»

Vous voyez que c'est possible de diminuer ces 24 heures par semaine devant la boîte à images. Je vous mets au défi de tenter l'expérience sans télé. Pensez-y, une télévision, c'est comme une matante soûle : elle n'écoute personne et puisqu'elle monopolise la conversation, il n'y a pas d'autre échange possible. Alors, sortez votre télé du salon pendant au moins une semaine, vous découvrirez qu'on peut y faire de nombreuses activités... et ce sera encore mieux si votre télé est dans la chambre à coucher !

iPhone ou iFun?

Comme j'ai été sage cette année, le père Noël (après recommandation de ma blonde) a déposé sous l'arbre un iPhone. J'étais tellement excité que j'ai encore deux cadeaux à déballer. Je m'en moque, puisque je m'amuse comme un p'tit fou avec ma nouvelle bébelle. C'est à se demander pourquoi le iPhone ne s'appelle pas iFun?!

Il n'y a rien que mon iPhone ne fait pas: photos, vidéos, radio et télévision en provenance du monde entier, météo, Internet, des jeux à n'en plus finir. Hier, j'ai même découvert que je pouvais l'utiliser pour faire des appels téléphoniques! De plus, mon iPhone peut facilement me remplacer auprès de ma blonde. Avec son application GPS, il ne se perd jamais, car l'application Dictaphone lui permet d'avoir une bien meilleure écoute (en fait, il peut répéter mot pour mot tout ce que ma blonde dit) et, à défaut de vibrer moins fort que moi, il vibre beaucoup plus longtemps!

Mais force est de constater que même si ces téléphones intelligents sont fort impressionnants, un téléphone ne peut être plus intelligent que son utilisateur. Même que, dans plusieurs situations, le téléphone rendra son utilisateur moins intelligent. Qu'est-ce qui fait de vous un meilleur conducteur: les deux mains sur le volant en étant concentré sur la route, ou une main sur le volant et l'autre faisant une recherche afin de repérer les bouchons de circulation sur l'application iPhone du ministère des Transports (une vraie application lancée l'automne dernier par le Ministère)? J'ai été témoin d'une autre situation, moins périlleuse certes, mais tout aussi stupide: un voisin d'urinoir prenant un appel d'une main, tout en s'occupant de l'appel de mère Nature de l'autre. Qui est à ce point important et occupé pour avoir à parler et à uriner en même temps, à part Denis Coderre?

Parlant de grand Canadien, le philosophe Marshall McLuhan n'a pas connu l'époque du cellulaire, encore moins celle du téléphone intelligent, mais sa théorie établissant que «le médium est le message» s'applique parfaitement au iPhone. Ce n'est pas ce que tu fais avec ton iPhone qui est important, c'est le fait d'en avoir un. Comme le prouve l'œuvre du député Coderre, le médium (le téléphone intelligent) finit par forger le message. Un Tweet ne permet que 140 caractères ; forcément, le message devra être structuré en conséquence. J'entends déjà les tweeteurs tweeter furieusement leur désaccord avec ma synthétisation simpliste de McLuhan, mais cela ne m'inquiète pas, ils n'ont que 140 caractères pour étayer leur argumentaire.

En revanche, si le nombre de caractères dans un Tweet est limité, le nombre de Tweets est illimité, tout comme le nombre d'applications disponibles pour les téléphones intelligents. En fait, la seule limite, c'est le nombre d'heures dans une journée.

Mon ami Pierre en est l'exemple parfait. L'autre jour, il me vantait encore les mérites de son iPhone non pas en personne évidemment, mais par l'application Facetime (où les interlocuteurs peuvent se parler tout en se voyant). Accessoirement, je suis bien content que l'application olfactive n'existe pas encore car à voir l'aspect huileux de ses cheveux, j'avais le goût de lui faire suivre l'application douche ! Je lui ai plutôt fait part de mes craintes concernant sa fixation sur sa nouvelle passion : «Oui, j'comprends que tu n'utilises que 10 % des capacités de ton bidule, mais est-ce que tu prends le temps de sortir, de consacrer du temps à ta famille, de voir grandir tes enfants ?» Pierre m'a tout de suite rassuré : «Christopher, chaque jour, ma femme m'envoie des photos des enfants et des vidéos... HD en plus ! Ce n'est pas compliqué, les enfants sont plus beaux qu'en réalité. J'exagère un brin, mais une chose est sûre, ils sont moins bruyants... je peux baisser le son !»

Non seulement le médium est le message, mais j'ai bien peur que le messager soit devenu *medium* (je dirais même *medium-low*) car, de toute évidence, Pierre aussi n'utilise que 10 % de ses capacités.

Courriel *vs* lettre

J'ai eu tout un choc mardi matin en ouvrant ma boîte aux lettres : entre les quatre factures, les trois dépliants de pizzerias et le bulletin de mon député fédéral, il y avait une lettre. Une vraie lettre ! Avec un vrai timbre, où mon adresse et celle de retour étaient écrites à la main. C'était la première vraie lettre que je recevais depuis que ma grand-mère a renoncé à m'en envoyer pour ma fête, après que le gouvernement eut cessé de produire les deux dollars en papier.

Une fois la lettre en question lue, j'étais moins exubérant. C'était une longue diatribe écrite par une religieuse de la Saskatchewan que j'avais offusquée en tenant des propos désobligeants envers le Saint-Père lors d'une chronique à la radio. Il est vrai que ma blague lui attribuant le titre de « militant du mois » chez les Jeunesses hitlériennes était offensante. Mais je trouvais exagérée l'exigence de sœur Bernadette d'excuses publiques, assorties d'un don de 100 $ à sa communauté. En tant que religieuse, sœur Bernadette aurait dû savoir qu'elle avait plus de chances d'obtenir des résultats en priant Dieu qu'en écrivant au Chris.

Malgré le ton acerbe de la lettre en question, j'étais si heureux d'avoir reçu une vraie lettre que je l'ai montrée à tous. C'est comme si j'avais en ma possession une missive sur papyrus écrite par la main même de l'amant de Cléopâtre. J'exagère un tantinet, mais il n'en demeure pas moins qu'aujourd'hui la grande majorité de notre correspondance se fait par voie électronique. Oui, c'est plus rapide, plus efficace, plus économique et plus écoresponsable, mais cela ne suffit pas pour rivaliser avec la lettre.

Le mois dernier, mon meilleur ami Ulrich, qui habite Berlin, a perdu sa mère. Comme je ne pouvais pas me rendre en Allemagne pour les obsèques, je lui ai transmis mes condoléances... par courriel. Dès l'instant où j'ai cliqué sur la commande « Envoyer », je me suis rendu compte que j'avais erré. J'ai immédiatement pris le téléphone pour commander des fleurs... pas pour la défunte, mais pour m'excuser auprès de mon ami de mon manque de savoir-vivre.

Bien évidemment, une lettre n'est jamais aussi chaleureuse qu'une accolade, mais elle démontre assurément une plus grande implication personnelle. Dans l'écriture d'une lettre, il faut faire l'effort de formuler ses idées et ses phrases avant de les jeter sur papier, car personne ne veut une page pleine de liquide correcteur, et Antidote n'est pas là pour nous corriger.

De plus, il y a certaines choses que la technologie n'arrive pas encore à égaler. Un ordinateur peut bien posséder une grande diversité de polices d'écriture (comme Handwriting), jamais il n'arrivera à reproduire la calligraphie défaillante de ma grand-mère. Et aucun petit bonhomme clin d'œil sourire [;-)] ne peut m'émouvoir autant que les petits cœurs que me dessinait ma première flamme. Chaque envoi peut être personnalisé au maximum, grâce aux nombreuses essences de papier qui ont élevé sa fabrication à du grand art. Je me souviendrai toujours du soin mis par ma grand-mère à préparer les lettres d'anniversaire pour ses 37 petits-enfants. (À 37, c'est compréhensible qu'elle ne soit pas passée aux 5 $ quand la version papier du 2 $ a disparu.)

Un ordinateur peut traiter les textes et les photos en organisant des milliards de pixels en séquences de 1 et de 0, mais ce n'est pas demain la veille où il vous permettra de humer un Chanel nº 5. Il n'y a pas un romancier qui m'aura fait autant rêver, fabuler et espérer que les lettres parfumées de Sandrine Demers.

Malgré tous ces avantages, l'extinction de la lettre se poursuit inexorablement. Au point où bientôt les vraies lettres seront aussi rares que de la marde de pape! Je sais que cette expression en choquera plus d'un, mais je l'inclus volontairement en espérant recevoir d'autres vraies lettres.

Fakebook

Avec mon choix de titre, vous comprenez que je ne suis pas un grand fan de Facebook. Quitte à passer pour un réactionnaire qui radote continuellement : « C'était pas mal mieux dans l'temps ! » De toute façon, aucun « facebookien » ne pourrait me barrer, car pauvre mortel que je suis, je n'ai pas de vie virtuelle.

Et cela ne me manque pas ! Sans vouloir être condescendant, pourquoi aurais-je besoin d'une vie virtuelle ? Puisque j'ai une *vie*. Évidemment, je ne dis pas que tous les gens qui sont sur Facebook n'ont pas de vie ! Mais trop nombreux sont ceux qui laissent leur vie virtuelle prendre le dessus. Lorsqu'un souper en tête-à-tête au restaurant avec ta blonde vire en tête-à-Tweet parce que tu n'as pas pu t'empêcher de répondre à un ami Twitter sur ton BlackBerry, pose-toi des questions. C'est triste de ruiner un moment privilégié avec ta douce, uniquement pour découvrir que la coiffeuse de Johanne au bureau est lesbienne. En revanche, si, au même moment, ta blonde se fait aller les pouces sur son iPhone, vous êtes faits l'un pour l'autre, et profitez de votre Tweet-à-Tweet aux bougies.

Les adeptes de Facebook argumenteront que ça leur permet de développer un vaste réseau d'amis et même de reprendre contact avec des amis du secondaire. Dans ce dernier cas, je peux en témoigner, il n'est pas nécessaire d'être membre d'un réseau de type Facebook. J'ai eu une amicale de ma polyvalente au début de l'été, et j'ai repris contact avec des amis du secondaire. Avant même d'avoir fini ma deuxième bière, j'avais compris pourquoi je ne les avais pas fréquentés depuis 25 ans.

Pour ce qui est du « vaste réseau d'amis » de Facebook, il a de bonnes chances d'être vaste, mais encore d'être vide. Je ne dis pas que *tous* les « facebookiens » constituent des amitiés vides. En revanche, cet été, quand ma belle-sœur s'est targuée d'avoir 347 amis Facebook, je lui ai répliqué : «*Good!* Comme ça, t'auras pas besoin de moi pour t'aider à déménager!» Je ne veux pas me vanter, mais si j'ai zéro ami Facebook, j'ai sept amis de déménagement.

Qui plus est, je n'ai pas besoin de les entretenir à l'année en leur envoyant MSN, messages Twitter ou photos sur Facebook. Une caisse de 24 et quelques pizzas font l'affaire. De toute manière, en affichant mes photos de déménagement sur mon mur Facebook, j'aurais encore plus d'ennuis que la dame de Bromont qui a perdu ses prestations d'invalidité en raison de photos de vacances publiées sur sa page Facebook! Imaginez si des images de moi, forçant après un frigo en descendant un escalier, circulaient un peu partout, je me retrouverais avec plus que 347 demandes de déménagement.

Autre élément de la vie virtuelle avec laquelle j'ai de la difficulté, c'est son instantanéité. Gare à celui qui ne répond pas dans les 30 secondes à un texto ou à un *poke*! L'expéditeur se sent rejeté et envoie une missive demandant explication et justification, cette dernière croise votre réponse au texto initial, et ainsi de suite. Bref, c'est le festival du malentendu.

Mais il ne faut pas se surprendre que les «facebookiens» s'offusquent si rapidement, leurs amitiés ont été construites tout aussi rapidement. La phrase «Veux-tu être mon ami?» ne se pose pas après cinq minutes. Une amitié, ça se développe, ça ne se gère pas. De toute façon, 347 amis, ça me coûterait trop cher en bière et pizzas!

L'interdiction du cellulaire

Une nouvelle loi est en vigueur cette semaine interdisant l'utilisation du cellulaire au volant. Comme la nouvelle est sortie le 1er avril, j'étais convaincu que c'était un poisson d'avril.

Mais tant qu'à interdire le cellulaire au volant, pensons à tous les autres endroits qu'on devrait interdire l'utilisation de cellulaire.

Au restaurant, par exemple, combien de fois est-ce que cette situation vous est arrivée : t'es en plein dîner romantique avec ta blonde quand la magie du moment est brisée par une sonnerie de cellulaire. C'est encore plus gênant quand c'est *ton* cellulaire, et surtout qu'au bout du fil c'est ta femme. Non, sérieusement, les cellulaires devraient être bannis des restaurants de la même façon que les cigarettes. Si vous avez une envie irrésistible de bavarder au cellulaire, sortez à 9 mètres de l'établissement. Sauf qu'à une telle distance, tu risques de parler en plein milieu de la rue. Si ce n'est pas la cigarette qui te tue, c'est l'autobus.

La chambre à coucher devrait également être une zone interdite au cellulaire. Comme au volant, t'as besoin de rester concentré, et de préférence garder l'utilisation de tes deux mains. Qui n'a pas eu la tentation de prendre un appel de cellulaire en pleins ébats amoureux ? Je ne l'ai fait qu'une fois, et j'ai appris ma leçon. C'était ma belle-mère qui me demandait avec sa charmante voix nasillarde habituelle : « Qu'ess vous faites ? » Croyez-moi, toutes les p'tites pilules bleues du monde ne m'auraient pas redonné l'énergie nécessaire pour... *repartir la danse*.

Évidemment, il y a des endroits où ça va de soi : le cellulaire est indésirable. Éteignez votre cellulaire lors d'un concert de musique classique. C'est Beethoven qui est sourd, pas ses spectateurs. À moins que vous ne soyez capable de synchroniser votre sonnerie avec sa *Cinquième Symphonie*.

Dans les toilettes publiques, il n'y a rien de plus intimidant qu'une grosse conversation de cellulaire dans la cabine voisine. Moi, je fais comme le général Montcalm et je «réponds par la bouche de mes canons»!

Au salon funéraire, c'est sûr qu'il ne faut jamais répondre à votre cellulaire. À moins que votre afficheur ne vous indique que l'appel provient du défunt. Dans ce cas particulier, ne répondez pas, ouvrez le cercueil.

Contrairement à ce qu'on pourrait penser, je trouve que l'utilisation du cellulaire à l'église est tout à fait appropriée. Ça va tellement bien avec la philosophie de l'endroit: une voix qui vient de nulle part et qui me donne des ordres, surtout quand c'est ma blonde qui m'appelle.

Dans le fond, l'utilisation du cellulaire n'est qu'une question de gros bon sens. Avant d'y répondre, posez-vous la question suivante: «Ai-je vraiment besoin de prendre cet appel maintenant?» Si vous êtes comme moi et que vous devez toujours avoir votre cellulaire sur vous, mettez-le au moins sur le mode vibration. Au pire, les vibrations vont vous procurer une agréable sensation. Et si, par malheur, c'est votre belle-mère qui appelle, dites-vous que pour une fois elle vous aura procuré une agréable sensation. Votre appel est important pour nous, belle-maman!

Libre-service

Je suis allé à des noces cet été, de vraies noces : à l'église, officiées par un vrai curé, la mariée en blanc, le marié en retard et le mononcle en boisson. Avouez que c'est une tradition qui se perd (pas l'oncle en boisson, mais celle des mariages traditionnels). En route vers la cérémonie, j'ai découvert quelque chose d'encore plus rare : une station-service... *avec* service !

Toute la famille était sur son 36. Bon, ça n'a pas été facile de convaincre mon gars de quatre ans de mettre une chemise blanche avec un nœud papillon, mais nous sommes arrivés à un compromis : « Porte le nœud papillon et t'auras le droit de garder tes bottes de pluie. » Je me suis vite rendu compte que cette négociation fut le moindre de mes problèmes quand j'ai eu à insérer ma taille 36 dans mes pantalons 34. Nous sommes finalement prêts à partir quand ma Capitaine me signale : « T'es mieux de faire le plein tout de suite, Champion, si tu ne veux pas tomber en panne sur le pont Champlain. » Comme d'habitude, ma blonde avait raison. Ça nous prenait une station-service avec service, car je ne voulais pas salir mon beau smoking. Et surtout, je devais limiter mes mouvements afin d'éviter que ce soit mon plastron qui saute, et non l'*airbag*. Finalement c'est nous, et non le marié, qui sommes arrivés en retard à l'église. Et n'eût été le CAA, nous serions encore en train de chercher.

Les libres-services sont apparus en 1972, et depuis, leur nombre n'a cessé de croître, au point de rendre les stations avec service obsolètes. Évidemment, c'est la recherche de profit qui est à la base de l'élimination des emplois de pompistes. Le libre-service permet une utilisation maximale des pompes à essence et, par conséquent, une augmentation des profits. Ce que les compagnies gagnent en profits, nous le perdons en contacts humains. Je n'ai pas besoin de la valorisation d'un :

«Salut, Capitaine! C'est un V6 450 que t'as là-dedans, Champion? On fait le plein de super, pis je *check* ton huile, le Grand?» En revanche, j'ai besoin de l'expérience d'un pompiste qui va m'avertir si l'un de mes pneus est mou, si mon moteur claque ou pour me donner raison devant ma blonde: «C'est en plein ça, *Boss*. C'est la deuxième rue à gauche après le salon de quilles.» Wow! Me faire donner raison et me faire appeler *Boss* dans la même phrase, ça vaut le 2 ¢ de plus le litre!

La disparition de service humain ne se limite pas qu'aux stations-services. Notre obsession du profit a engendré l'élimination de bien d'autres emplois qui ont été remplacés par des machines. Pensons à la prolifération des guichets automatiques. C'est sûr que l'attente est plus courte, mais le risque de fraude est beaucoup plus élevé. Et ce n'est pas le guichet qui va vous avertir d'irrégularités dans vos transactions ou vous conseiller dans une meilleure utilisation de vos avoirs.

Cette propagation de machines à la place de l'humain s'étend partout: l'aéroport avec ses guichets d'embarquement libres-services, les cinémas avec leurs guichets d'admission libres-services, les magasins grande surface qui mettent à notre disposition des caisses libres-services, etc.

En réalité, ce n'est pas du libre-service, mais du *sans* service! Ce sont les compagnies qui se sont libérées de leurs responsabilités de servir leur clientèle. Et c'est pour ça que tout au long de la soirée des noces, j'ai entendu: «C'est quoi, ton *after shave*? Ultramar n° 5... Champion!»

Société

Ce que j'ai particulièrement aimé avec l'écriture des chroniques de cette rubrique, c'est qu'elles traitaient d'un sujet ayant un impact sur l'ensemble de la population. Ça me donnait l'impression d'apporter une contribution à l'évolution de la société... si petite fût-elle.

Merci, monsieur Hall! Vous lire est toujours amusant et porte à réfléchir sur notre société. Vous démontrez qu'avec de l'humour on peut parler sérieusement!

Claude

David et Goliath

Cette semaine, j'ai pris une journée de congé pour accompagner mes deux neveux à La Ronde. En attendant dans la longue file pour le manège Goliath, j'ai été frappé par les similarités entre La Ronde et notre système de santé. C'est comme le combat entre David et Goliath. David (système privé), un p'tit vite, agile et efficace, contre un Goliath (système public), une grosse machine bureaucratique lente et inefficace.

Mes deux neveux de 11 et 13 ans, en grand manque de sensations fortes, désiraient expérimenter tous les manèges. On a plutôt passé la majeure partie de notre journée en file d'attente à expérimenter la patience.

Pourtant, il existe une solution simple et efficace : la Passe Flash, une passe que tous peuvent se procurer au coût de 42 $. Les personnes munies de cette passe n'attendent pas en ligne et passent devant tout le monde. De prime abord, cela m'a fait rager, mais finalement c'est comme notre système de santé : si tu veux quelque chose, tu dois payer pour l'obtenir.

Et je parle en connaissance de cause, car présentement ma blonde et moi expérimentons les deux systèmes de santé. Pour ma part, je suis en attente depuis un an et demi pour une IRM (imagerie par résonance magnétique) dans le système public pour mon épaule. Je ne m'en plains pas, c'est la période d'attente habituelle pour ce genre d'examen dans le public. En revanche, ma blonde, qui a aussi besoin d'une IRM, souffre d'un malaise beaucoup plus douloureux. Alors, son médecin, le

Dr David, lui a suggéré: «Je peux te voir dès demain à ma clinique à Westmount Square, si tu veux. T'as juste à te procurer une Passe Flash au bureau de ma secrétaire au coût de 850 $.» Le Dr David n'a évidemment pas dit Passe Flash, mais cela revient au même. Le lendemain, résultats en main, ma blonde ressortait de la clinique privée en moins de temps qu'il n'en faut à deux ados pour aspirer une sloche poussin écrasé.

Pendant ce temps, l'épaule dans la glace, je ne vois toujours pas le jour où j'irai dans le Goliath public. J'ai sérieusement songé à me procurer ma propre Passe Flash, car après un an et demi, ma douleur devient aussi forte que la tentation de succomber à l'attrait du privé. Et surtout à leur argument que «non seulement c'est plus vite, mais vous libérez des places dans le public».

En réalité, c'est un argument fallacieux. S'il est vrai que le système privé est plus rapide, il est faux de prétendre que cela libère des places dans le public. Le privé enlève peut-être des gens qui sont dans la file d'attente du Goliath public, par contre, il attire aussi et surtout les opérateurs du Goliath (médecins, infirmières, techniciens). Et c'est là que le bât blesse, et que le système public devient particulièrement inefficace. Or, le jour où mes neveux auront besoin d'une IMR ou de toute autre intervention, la patience développée cette semaine leur sera fort utile, car même s'il y aura moins de monde dans la salle d'attente du Goliath public, les opérateurs auront déserté Goliath pour David.

Pour l'instant, je m'inquiète non pas pour mon épaule (j'ai l'excuse idéale pour décliner les défis au tennis que me lance mon ami Luc), mais à propos des nombreuses personnes dont la vie dépend de la rapidité du pronostic ou du traitement. Nous devrions leur donner accès aux services le plus rapidement possible. Comme dit le dicton: «La santé, on en a juste une», et le public ne devrait pas en être privé.

Osti de moumounes!

La semaine dernière, le comédien et animateur Jasmin Roy lançait son livre intitulé *Osti de fif!* Dans celui-ci, il lève le voile sur les difficultés éprouvées par les homosexuels dans toutes les facettes de leur vie, et ce, même encore en 2010.

Comme on connaissait l'orientation sexuelle de M. Roy avant la sortie de son livre, on découvre plutôt dans cet ouvrage l'immense courage dont cet homme a dû faire preuve tout au long de sa vie. Courage que plusieurs parmi nous n'ont pas, et c'est ce qui me fait dire qu'on est des osti de moumounes.

Évidemment, j'utilise ici le mot «moumoune» au sens faiblard du terme et non au sens orientation sexuelle. Et des moumounes faiblardes, on en trouve partout sans discrimination. La preuve : il y en a même chez les gays. Je pense à Ricky Martin, M. *La vida loca*, qui faisait sa sortie officielle du garde-robe la semaine dernière en déclarant : «Je suis fier de dire que je suis un homme homosexuel!» Je suis content pour toi, Ricky! Mais si tu es si fier de l'annoncer, pourquoi as-tu attendu 30 ans pour le faire? Ce ne sont pourtant pas les occasions qui ont manqué. Combien de fois, au cours des 20 dernières années, as-tu renié le fait d'être gay? Combien de tapis rouges as-tu foulé avec à ton bras une belle fille prétendument ta partenaire? On devrait te poursuivre pour fausse représentation!

Je trouve que la sortie de Ricky Martin envoie un mauvais message aux jeunes homosexuels qui sont encore dans le garde-robe. Ça revient à dire : «Attendez avant d'afficher votre orientation sexuelle, vous aurez bien plus de succès!» De toute évidence, Ricky a plus travaillé pour sa cause personnelle que pour la cause homosexuelle. Et il a attendu d'avoir un *hit* mondial lui assurant une retraite dorée et quatre villas payées avant d'être lui-même. De plus, je ne pense pas que sa sortie du garde-robe contribue à l'avancement de la cause des homosexuels. Car, pensons-y bien (et c'est un constat très triste sur notre société), si Ricky Martin avait annoncé son homosexualité à l'âge de 18 ans, nous aurions eu une image différente de sa *vida loca*, et il n'aurait certainement pas connu une carrière internationale. On ne peut donc pas dire qu'il a été courageux, mais on ne peut pas le blâmer non plus, puisqu'une bonne partie d'entre nous est trop moumoune pour être associée à un homosexuel.

Combien, parmi nous, ont pris leurs distances d'un ami ou d'un parent parce qu'ils n'avaient pas le courage d'être vus en sa compagnie ? Je connais quelqu'un qui, encore aujourd'hui, fait un détour pour ne pas être vu déambulant dans le village gay. Avouez que c'est assez moumoune. Ce n'est pas avec une telle attitude qu'on va bâtir des ponts pour l'avenir.

Heureusement, il y a de l'espoir. Dernièrement, à l'émission *Deux filles le matin*, j'ai vu Marianne Verville, la jeune interprète d'Aurélie Laflamme. Au cours de l'entrevue, la thématique de l'homosexualité fut abordée. On lui a demandé ce qu'elle pensait de la tendance actuelle, réputée comme *cool*, d'avoir un ami homosexuel, et si elle-même avait des amis homosexuels. Marianne a répondu qu'elle avait des amis, point, et que leur orientation sexuelle n'était pas un critère de sélection. Cela m'a réjoui de voir qu'à son jeune âge elle avait la sagesse de saisir les enjeux ainsi que le courage de l'affirmer. D'affirmer qu'elle ne catégorise pas ses amitiés en *fif* et *non-fif*, que ses amitiés sont créées indépendamment de tout cela. Bref, elle traite les homosexuels comme du vrai monde, ni plus ni moins. Pour tout vous dire, ses propos ont eu l'effet d'un baume apaisant sur mon âme et j'ai même versé une larme. Et je me fiche de ceux qui diront que je suis moumoune.

Première classe... économique

Cette semaine, le transporteur aérien British Airways a annoncé qu'il éliminera graduellement la section première classe de ses vols. Dorénavant, tous ses passagers seront égaux. Avant d'y craindre un retour en force du communisme, voyons-y plutôt tous les avantages s'y rattachant. Et qui sait, peut-être cette initiative inspirera aussi le gouvernement britannique à rendre tous ses citoyens égaux, en éliminant leur propre première classe : la monarchie.

Tout d'abord, j'avoue que, compte tenu de ce que les compagnies aériennes nous font payer pour voyager en classe économique, elles devraient convertir *tous* leurs sièges en première classe plutôt que de l'éliminer. Mais d'ici à ce que cela se réalise, saluons le démantèlement du p'tit maudit rideau de tissu bleu. Au même titre que le Rideau de fer qui divisait l'Est de l'Ouest (le communisme et le capitalisme), le petit rideau séparant la classe économique et la première classe est un symbole de la profonde division entre les riches et les pauvres. Plus qu'un symbole, la division est réelle. Surtout pour ceux qui sont assis directement derrière le rideau bleu. Ils peuvent sentir le fumet du filet mignon à la dijonnaise qui y est servi, mais ils doivent se contenter de mâchouiller leur sandwich au baloney à la moutarde Schwartz. Bref, c'est la différence entre Toqué !... et Ken-toqué !

Pendant qu'en première classe deux belles agentes de bord souriantes et charmantes sont aux petits soins avec leur douzaine de passagers, seulement deux autres agentes s'occupent du troupeau en classe économique. Bien évidemment, elles sont moins affables, accommodantes et jolies. Mais avec 250 personnes entassées comme des sardines, deux toilettes et un corridor pour accommoder tout le monde, vous aussi perdriez votre sourire avant même le décollage.

Donc, en éliminant la première classe, on n'y gagne que des avantages. Juste le fait d'avoir un cabinet de plus, ô jouissance ! D'autant plus que, bien souvent, l'une des toilettes est occupée par un couple en recherche de sensations fortes. Car s'il est strictement défendu de fumer la cigarette à bord, rien n'interdit la pipe.

Autre avantage notable avec l'élimination de la première classe, on gagnera tous l'espace d'un demi-pouce pour nos genoux. Un demi-pouce, c'est minime, mais cela représente la différence entre manger sur tes genoux, ou te manger les genoux !

On devrait appliquer l'élimination de la première classe à toutes les compagnies aériennes. En fait, il n'y a qu'un endroit où l'on devrait accorder un traitement spécial, et c'est le cockpit. Car s'il y a une personne qui doit être traitée aux petits oignons, c'est le pilote. On n'est peut-être pas obligé de lui servir du filet mignon, mais il faut qu'il ait deux choix de menu, car il ne doit absolument pas manger la même chose que le copilote.

La disparition de la première classe permettra également aux riches d'être en contact avec du vrai monde. Ces privilégiés passent leur vie dans un monde à part – dans leurs grosses maisons, leurs véhicules de luxe et leurs clubs privés – sans jamais se mêler à la plèbe.

Ironiquement, ce n'est que dans les airs que les riches s'abaisseront à notre niveau. Mais de toute façon, première classe ou pas, on est tous égaux dans les airs, car si jamais ça va très mal, on est tous dans le même bateau !

Nous sommes tous polygames!

C'est la semaine dernière que commençait le procès de deux hommes polygames en Colombie-Britannique. Ces derniers sont membres d'une communauté mormone appelée Bountiful, située dans un coin perdu de la province. Évidemment, les mormons vont plaider la liberté de religion dans cette cause qui fera assurément couler beaucoup d'encre.

Notre réaction initiale à la polygamie en est toujours une de répréhension. Depuis que Moïse est descendu de la montagne avec les dix commandements sous le bras, les chrétiens vivent en couple monogame et ne convoitent pas la femme de leur voisin... en théorie. Dans les faits, soyons honnêtes, nous sommes plusieurs à être passés à l'action (tu vois, chérie, comme tu me l'as appris, j'applique la règle du «on exclut la personne qui parle»), et 99,9 % des autres le font dans leur tête. Et comme aux yeux de la loi divine c'est l'intention qui compte, nous sommes tous polygames!

N'essayez pas de me faire croire que vous n'avez jamais, au grand jamais regardé avec envie une femme autre que la vôtre! Ne jubilez pas trop vite, mesdames, cela s'applique tout aussi bien à vous. Combien de fois vous êtes-vous surprise à avoir une faiblesse envers un pompier, un ébéniste venu faire une soumission pour vos portes d'armoire ou un chroniqueur du *Journal* venu chercher son enfant à la garderie (ne t'en fais pas, Carole, et dis-toi que je ne suis pas toujours aussi *cute*, j'arrivais d'un tournage où l'on m'avait maquillé, habillé et coiffé). Non, la seule différence entre nous et les mormons, c'est qu'ils assument leur polygamie.

Mais avant de juger qui que ce soit, je me suis rappelé ce vieux dicton montagnais qui dit: «Avant de juger un homme, marche sept jours dans ses mocassins.» Alors, avant de juger un polygame, couche sept nuits dans son lit. J'ai donc suivi le conseil du grand chef montagnais Bison Content.

J'ai entrepris ma recherche en visionnant un documentaire de la CBC à propos de la communauté mormone de Bountiful en Colombie-Britannique. Le film est centré autour de Winston Blackmore, ex-leader spirituel de la communauté, et l'un des accusés du procès en cours actuellement. Le générique d'intro n'était pas terminé que je me suis entendu penser : «Wow! *Lucky son of a gun!*» (Traduction : chanceux fils d'un fusil.) Winston Blackmore a 24 femmes, pis il n'est même pas près d'être beau! Je suis loin d'être un adonis, mais à côté de Blackmore, j'ai l'air de Brad Pitt sur la plage... et je n'ai même pas eu 24 femmes dans toute ma vie. Je me suis donc mis à fantasmer qu'en devenant mormon demain matin, je pourrais facilement avoir le double de femmes de Blackmore.

Toutefois, mon fantasme n'a pas fait long feu. J'ai rapidement déchanté lorsque le narrateur a ajouté : «Après la pause, Blackmore nous présente ses 121 enfants.» J'en ai deux et j'ai demandé au gynécologue de me couper le canal famille en même temps qu'il coupait le cordon ombilical du second.

De plus, 24 épouses, cela signifie inévitablement 24 belles-mères (non, non, non, ne te choque pas MammieDou, par là, je veux dire que je vous aime tellement que je serais incapable de vous partager avec 23 autres)! Finalement, je resterai monogame, ce qui ne m'empêchera pas d'avoir d'occasionnelles pensées polygames... Carole.

Péter les plombs

Dernièrement, un sondage nous révélait que les Québécois pètent les plombs plus facilement que les autres Canadiens. J'ai fait un Jean-Marc Léger de moi-même, et j'ai analysé les résultats. Je n'ai pas les connaissances sociologiques de mon collègue d'en haut[19], mais quand vient le temps de prévenir le pétage de plombs, mieux vaut en rire que de... péter.

C'est sûr que j'ai le goût de péter les plombs quand le B'nai Brith accuse les Québécois d'être antisémites, simplement parce que la commission Bouchard-Taylor a donné la parole à des tapons qui ne font pas la différence entre Rabbi Jacob et un vrai rabbin. Comme je sais que B'nai Brith est dans le champ, je l'ignore comme m'ignore le hassidim qui me croise sur la rue.

En revanche, il y a d'autres désagréments qui justifient amplement qu'on pète les plombs. En commençant par l'hiver. Lundi matin, direction garderie, en ouvrant la porte, fiston hurle : «Papa ! C'est Noël !» Il neigeait à plein ciel. Disons que ce matin-là, Junior a appris beaucoup de nouveaux mots en latin. Ce n'est pas que les flocons me dérangeaient plus que ça, ils fondaient à mesure. Mais ça ne prend pas la tête à Papineau-Léger pour déduire que si l'hiver s'étend jusqu'au début de mai, l'été va être d'autant plus court. Pétage de plombs nº 2.

En revenant de la garderie, j'ai repris mon calme en me disant : «Il ne fait pas si froid, c'est beau la neige, en plus, ça cache toutes les saletés. De toute façon, il y a des affaires pires qui nous tombent sur la tête, comme les centaines de ponts et de viaducs si on ne les reconstruit pas

---

19. À cette époque, en effet, la chronique de Christopher était située sous celle de Jean-Marc Léger.

au plus vite. Ajoutez à ça les milliers de nids-de-poule (qui ont plus souvent la dimension d'un nid d'autruche), le prix vertigineux de l'essence, sans mentionner la corvée annuelle des impôts. Et c'est à ce moment que j'ai pilé dans mon cadeau de Noël-en-avril offert par le rottweiler du voisin, déposé non pas au pied de l'arbre, mais en plein milieu de trottoir. Pétage de plombs n° 3. J'étais content que mon fils n'y soit pas, il aurait eu droit à une leçon de latin avancé. Là, il me fut un peu plus difficile de retrouver mon calme. En essuyant mon soulier sur le dernier banc de neige, je me suis dit : « Ce n'est pas comme si j'avais marché sur une mine antipersonnel, comme le risquent nos soldats en Afghanistan. »

Ma réflexion sur la situation afghane a remis les choses en perspective, et c'est avec le cœur léger que j'ai ramassé mon journal à la porte... tout en y laissant mon soulier droit. Assis paisiblement devant mon croissant et mon cappuccino, j'ai entrepris ma lecture du journal. Inondations, famine mondiale, récession imminente, le Canadien en danger, et d'ici 2015 un Canadien sur deux sera atteint d'un cancer. Pétage de plombs évité de justesse, car je décide de prendre une bonne douche chaude. Me voilà en costume d'Adam les deux pieds dans le bain, quand le téléphone sonne. C'est la course vers la cuisine. En chemin, je me pète l'orteil, un genou et le coude (mais toujours pas de plombs) pour attraper l'appel de justesse : « Monsieur Hall ? Pourriez-vous nous accorder quelques minutes pour un sondage ? » Pétage de plombs n°s 4, 5 et 6.

La bataille du Vendredi saint, prise 2

On se souvient tous de la fameuse bataille du Vendredi saint entre le Canadien et les Nordiques. Vingt-six ans plus tard, les hostilités entre Montréal et Québec sont tout aussi féroces. Même qu'elles se sont répandues à tous les domaines de la vie : économique, historique, touristique... ou comique.

La bataille du Vendredi saint a peut-être clos la finale de division Adams en 1984, mais elle a commencé une rivalité entre la Capitale nationale et la Métropole, qui perdure jusqu'à aujourd'hui. Et ce n'est pas la victoire de l'équipe de Québec dans la série télé *Montréal-Québec* qui va mettre fin à cette guerre. On dirait que toutes les semaines, un nouveau contentieux apparaît. Encore en début de semaine, les Montréalais se sont payé la tête des Québécois parce que ces derniers se sont fait rouler dans la farine par le «psychanalyste» des cultures, le Français Clotaire Rapaille. Et avec raison, pauvre Québec! Le gars s'appelle Clotaire! Il porte des lunettes fumées en pleine conférence de presse, c'est évident qu'il a des choses à cacher. Il a un CV aussi *boosté* que les seins de Pamela Anderson! Ça fait rêver, mais on voit bien que ce n'est pas vrai.

Ne pavoisez pas trop vite, Montréalais, ce n'est pas comme si on ne s'était jamais fait avoir par un Français. J'ai deux mots pour vous : Roger Taillibert. On ne s'est pas fait rouler dans la farine, on s'est fait rouler dans le béton armé. On ne parle pas d'un petit 125 000 $ à l'eau, mais bien de quelques centaines de millions de dollars. Un grand merci aux fumeurs du Québec. N'eût été ces derniers, ça nous aurait pris 50 ans au lieu de 30 pour payer le Stade.

Une des grandes révélations de Clotaire est que la ville de Québec souffre d'un complexe d'infériorité par rapport à Montréal. Et si Clotaire Rapaille le dit, ça doit être faux. Puisque peu importe le domaine sous lequel j'examine cette rivalité, Québec a le dessus.

D'un point de vue purement esthétique, la ville de Québec clenche Montréal haut la main. Elle offre une vue imprenable sur le fleuve, et du fleuve, on voit le majestueux Château Frontenac surplombant le Vieux-Québec. Alors qu'à Montréal, on n'a pas de vue sur le fleuve, car il est caché par des hangars et des silos à grains. À Québec aussi, ils ont des silos à grains, mais ils savent quoi faire avec : le magnifique Moulin à images. Il est vrai que le maire est un véritable moulin à paroles, mais au moins il déplace de l'air. Et nonobstant le faux pas de Clotaire, il ne tourne pas dans le vide comme notre Gérald «compteur d'eau» Tremblay.

Bien sûr, Montréal a raison d'être fière de sa montagne. Un bel espace vert en pleine ville, mais avouez que c'est un peu présomptueux d'appeler le mont Royal une montagne. Quand quelqu'un a-t-il manqué d'oxygène en escaladant le mont Royal? Soyons honnêtes, et changeons le nom pour butte Royale. Le mont Sainte-Anne, voilà une vraie montagne! Même si elle n'est pas en plein cœur de Québec, aucun embouteillage ne nous empêchera d'y accéder rapidement.

Longtemps, Montréal a été la deuxième plus grande ville francophone du monde. Toutefois, de nos jours, on préfère la qualifier de ville cosmopolite. Alors que la ville de Québec est la véritable capitale de la francophonie en Amérique du Nord. Bref, à Québec, on parle français et à Montréal, on le *understand*.

C'est pour cela que je suis un fervent partisan du retour des Nordiques dans la Vieille Capitale car, avouons-le, c'est le seul domaine où Montréal peut battre Québec.

Soyez diplomate!

Depuis deux semaines, la planète entière est tenue en haleine par les révélations-chocs divulguées par le site WikiLeaks. Même si le fondateur du site et *stool* par excellence, Julian Assange, est maintenant sous les verrous, les dommages causés par ce séisme ne font que commencer. Selon les experts, la révélation de ces secrets diplomatiques pourrait même entraîner des assassinats.

Bien que 97 % des divulgations de WikiLeaks ne soient que de simples potins dignes d'un carnet mondain, certaines révélations sont potentiellement explosives. Pensons à l'appel du roi Abdallah de l'Arabie Saoudite aux États-Unis à bombarder l'Iran, et ainsi mettre fin au programme nucléaire iranien. Avec un dirigeant normal, une diplomatie normale aurait pu réparer les pots cassés. Cependant, comme le président Mahmoud Amadinejad souffre d'un sévère complexe de Napoléon, il sera très difficile de calmer les humeurs belliqueuses de l'Iran. Le chameau est sorti du sac, l'Iran a des preuves écrites des intentions de ses voisins, et Amadinejad est encore plus déterminé à développer l'arme nucléaire. Voilà pourquoi toute vérité n'est pas bonne à lire.

Les fuites provoquées par WikiLeaks ne sont rien de moins que le « 11 septembre » des diplomates. Désormais, ils devront changer radicalement leurs façons de communiquer, de dire « les vraies affaires » sans que nous puissions les lire cette fois-ci. Leurs méthodes de travail changeront, mais leur travail restera intact. Un diplomate devra continuer d'être le plus charmant, le plus fin, bref, le plus diplomate possible, pour dire à son interlocuteur exactement ce qu'il veut entendre, sans lui confirmer quoi que ce soit. Les phrases du diplomate continueront d'être remplies d'euphémismes, d'être conjuguées au conditionnel et ponctuées de sourires mielleux. Bref, les diplomates demeureront des politiciens constamment en campagne électorale.

Mais soyons cléments envers nos diplomates, puisque nous sommes tous appelés à être diplomates à nos heures. Par exemple, quand votre blonde vous demande: «J'ai-tu l'air grosse dans cette robe?» Il y a la vraie réponse, et la réponse diplomatique. Comme je suis ici pour en témoigner, on a la preuve que je n'ai jamais tenté la vraie réponse, optant plutôt pour la voie diplomatique: «Ben non, chérie, au contraire, ça va chercher les formes de tes belles joues rondes.» (Notez au passage le subtil message impliquant des rondeurs ailleurs.)

Vous n'êtes pas en reste, mesdames. Si votre chevalier vient vous chercher au volant d'une rutilante Corvette, très peu d'entre vous prononceront la fameuse expression «Grosse Corvette p'tite Ké...». Si, plus tard dans la soirée, cela s'avère être le cas, vous auriez alors à être vraiment diplomates.

Comme en politique internationale, diplomatie rime aussi avec stratégie. Dans nos relations avec nos enfants, par exemple, il y a des situations où nous ne pouvons tout simplement pas dire toute la vérité, et où il faut penser stratégie. Quand ma fille de trois ans fait la danse du bacon en hurlant dans une allée au supermarché, il n'y a qu'une façon de l'arrêter. Il serait contre-productif de lui révéler l'inexistence du père Noël. Au contraire, il faut lui rappeler que le joyeux barbu l'observe en ce moment même et qu'il prend des notes... À ceux qui seraient portés à condamner ma stratégie insidieuse, c'est que vous n'avez pas encore rencontré la dictatrice Kim Jong Hall.

Blague à part, pendant la période des fêtes, usez de diplomatie lorsque votre belle-mère vous demandera: «Pis, le gendre, l'aimes-tu ton distributeur à cravates à piles?» Je vous mets au défi de lui donner la vraie réponse: «C'est une os*** de cochonnerie! Je préfère de loin le chandail à trois manches que vous m'avez tricoté l'an dernier!» Alors, soyez diplomate. Votre belle-mère n'a peut-être pas l'arme nucléaire, mais je parie qu'elle peut être tout aussi explosive.

La nostalgie du verglas

Il y a 10 ans cette semaine, nous vivions tous ensemble l'une des tempêtes les plus spectaculaires de mémoire d'homme... et même de femme (parce que si je me fie à ma blonde, les femmes ont pas mal plus de mémoire que nous autres) : la tempête du verglas.

En tout cas, pour ceux qui ne l'ont pas vécue, il y a eu une plus grande couverture médiatique de l'événement cette semaine que pendant les 10 dernières années.

J'ai même reçu un appel de Tatie Margaret, paniquée, pensant qu'on était en train de vivre une autre crise de verglas. J'avoue que pendant quelques instants, j'ai considéré profiter de son état fragile pour la convaincre de me céder la gestion de sa propriété à Upper Westmount. Mais j'ai fini par la rassurer, en lui expliquant que les 10 ans du verglas tombaient dans une semaine où il ne se passait pas grand-chose dans l'actualité. C'est sûr que ça va très mal au Kenya, mais comme c'est en Afrique, malheureusement, ce ne sont pas des nouvelles.

Alors que notre verglas, même 10 ans plus tard, ça c'est de la nouvelle! Pourtant, pour un désastre naturel, ça n'a pas été tellement désastreux. Si on le compare au tsunami en 2004 (250 000 morts en quelques minutes), notre petit verglas fut plutôt insignifiant avec ses deux morts.

Dans les faits, le verglas a causé beaucoup plus de naissances que de décès. Les statistiques démontrent même un mini-verglas-bébé-boom. Ce qui confirme ma propre théorie en la matière : «Pas de télé, plus de bébés.»

Et quand les piles des Game Boy se sont éteintes, le verglas a permis aux enfants de découvrir que la neige existait ailleurs que sur l'écran du téléviseur. Trois semaines sans école à jouer dehors tous les jours, je n'appelle pas ça un désastre.

Autre aspect positif du verglas : il a permis à l'armée canadienne d'améliorer son image au Québec (plutôt ternie depuis octobre 1970).

Notre tempête de verglas a même été l'instigatrice d'une nouvelle mode : le col roulé. Avec André Caillé comme fer de lance. Heureusement, cette vieille-nouvelle mode a duré moins longtemps que la carrière de M. Caillé à Hydro-Québec.

Toutefois, ce qui ressort de plus positif de ce désastre naturel, c'est sans contredit le resserrement des liens familiaux. Nous avons tous entendu ou vécu des moments de solidarité et même de réconciliations familiales durant cette période. La famille regroupée près du foyer, à jouer aux cartes et à s'amuser. Même les repas, qu'on a l'habitude de prendre à toute vitesse, s'allongeaient sur plusieurs heures au gré d'échanges qui, pour une fois, n'avaient pas seulement lieu lors des pauses publicitaires.

Idyllique, vous dites ? Disons que ça n'a pas été un réveillon de trois semaines pour tout le monde. En ce qui me concerne, ça a été plutôt un long lendemain de veille. La belle-mère qui vivait dans un village du fameux «triangle noir» est venue rester chez nous. Elle a tellement adoré son séjour et l'esprit de convivialité qui régnait dans mon quartier que sa crainte légendaire de la grosse ville a complètement disparu. Le 1er juillet suivant, elle s'installait dans le logement en haut de chez nous. Comme quoi il y a pire qu'un verglas qui peut vous tomber dessus.

Canada

En arrivant au Québec, mon cœur est rapidement devenu québécois. Cependant, comme ma tête est carrée, qu'on le veuille ou non, il y a toujours des relents d'anglo qui émanent des quatre coins. Cela explique que depuis j'ai développé une relation d'amour-haine avec mon pays d'origine.

● ●

Monsieur Hall,

J'ai tellement ri en lisant votre édito d'aujourd'hui. Je l'ai découpé et épinglé sur l'un des murs de mon bureau pour que mes partenaires anglophones, mais bilingues, le lisent également.

Pierre

● ●

● ●

Hello,

Such a great article today! I read it and read it and read it! I said to myself that everyone should read it.

Tolerance is the key!

Teddy

● ●

Je te quitte, Canada !

Selon un récent sondage, 75 % des Québécois estiment que les chances que le Québec se sépare un jour du Canada sont faibles, voire nulles. Pourtant, 75 % des Québécois se disent insatisfaits du statu quo. Comme dirait René : « Si je vous ai bien compris, vous êtes en train de me dire : fort probablement pas à la prochaine fois... peut-être... »

Vous refusez de vous séparer, mais vous êtes mécontents de la situation dans laquelle vous vous trouvez. Force est de constater qu'encore une fois, pour que ça marche, il va falloir que ça soit un Anglais qui vous montre le chemin. Vous êtes comme une fille qui est avec le même *chum* depuis des années et qui reste avec lui même s'il refuse constamment de la marier. Comme le Québec, qui est la blonde du Canada, il ne se sépare pas même si le Canada refuse de la marier officiellement. Ce dernier est bien content du statu quo, car il sait pertinemment qu'un mariage est une union entre deux personnes égales. Ce concept d'égalité le terrifie. Alors il se contente de faire les yeux doux à sa douce et de lui susurrer de temps à autre des mots d'amour du genre : « Je te promets qu'après ma rencontre à Charlottetown, je t'emmènerai en voyage de noces au lac Meech ! » Mais cela s'avère être une promesse de gars chaud, et la Belle se retrouve le lendemain matin seule au lit, les mains vides et le cœur gros.

De temps en temps, la fille pète sa coche et lance un ultimatum à son *chum*. Alors, pendant quelques semaines, il file doux et fait des gestes pour l'amadouer. Rappelez-vous le référendum d'octobre 1995.

La Belle avait presque claqué la porte. Le Canada a réagi comme tous les gars. À la dernière minute, il a amené sa blonde magasiner au centre-ville en lui disant : «Dépense sans compter!» Ensuite, il a fait venir à ses frais tous ses amis pour un gros *surprise party*. Même si les trois quarts de ses *chums* connaissaient à peine sa blonde, ils lui ont tous dit : «*We love you!* On t'aime, ma grande!»

Contre toute attente, la Belle Province a décidé de faire confiance au Canada, et elle est restée. Il faut dire qu'elle était un peu effarouchée car lors d'une grosse chicane de couple en octobre 1970, les choses avaient dégénéré. Elle était tellement en colère contre son *chum* qu'elle a accidentellement tué le beau-frère.

Heureusement, cela n'a pas toujours été aussi rock'n'roll. Par contre, on revient toujours à l'éternel statu quo. Pourtant, il me semble qu'après 150 ans, ou bien tu reconnais ton union d'égal à égal, ou tu la laisses partir.

Encore récemment, votre *chum* Canada vous a donné encore de faux espoirs. Un beau voyage à Paris en première classe, avec un siège dans les rouges à l'UNESCO, des fleurs, du champagne et des sorties nocturnes dignes d'une jeune mariée. Une fois de plus, ce n'étaient que des promesses, et le fameux siège n'était qu'un banc de parc en face du bâtiment de l'UNESCO.

Une conclusion s'impose : vous devez absolument quitter le Canada pour qu'il reconnaisse que vous êtes son égale. C'est seulement quand vous serez partie qu'il va vous supplier de revenir et vous accordera votre dû. Et je parle par expérience. Encore hier, ma blonde me disait : «Après deux enfants, ça va faire! Ou tu me maries, ou j'te quitte!» J'ai succombé. D'ici la fin de l'été, je l'emmène à Paris!

Je t'aime, Canada!

Il y a deux semaines, ma chronique s'intitulait : «Je te quitte, Canada!» Aujourd'hui, en intitulant ma chronique : «Je t'aime, Canada!», je démontre qu'en amour on est toujours un peu schizophrénique.

Oui, j'aime le Canada. Et je ne dis pas ça parce que je suis encore sous l'effet de ma caisse de 24 bue le 24. J'aime le Canada pour tout ce qu'il est, les bons et les mauvais côtés. Comme tout *chum*, il nous fait suer régulièrement, mais on finit par lui pardonner. Et comme c'est son anniversaire le 1er juillet prochain, il faut bien être gentil avec lui. Et surtout, ce n'est pas le temps de partir une chicane, car on n'a pas signé de bail ailleurs, et rendu le 26 juin, il n'y a plus grand-chose sur le marché. Faisons un petit effort et regardons les côtés positifs de notre *chum* le Canada.

Malheureusement pour lui, il traîne la réputation d'être froid, calculateur et un brin ennuyant, comme le gars qui porte ses bas blancs pendant l'accouplement. On pardonnerait un tel faux pas à un George Clooney qui garantit l'extase au lit. Mais quand t'es pris avec un Don Cherry, les nuits sont aussi longues... que la prairie.

Évidemment, ce stéréotype ne s'applique pas à tous les Canadiens. Ils ne portent pas tous des bas blancs, ne sont pas tous maladroits au lit, mais si jamais vous en rencontrez un qui s'habille comme Don Cherry, courez en direction opposée.

Heureusement pour nous, notre *chum* Canada n'est pas aussi stéréotypé, il est une personne à multiples facettes. À vous de choisir la facette que vous préférez, et de la fréquenter. Si c'est un végétarien, amateur de yoga et fanatique de mieux-être que vous recherchez, vous serez ravi qu'il en pleuve en Colombie-Britannique.

Si vous êtes plutôt attiré par un gars riche, rendez-vous en Arabie Saoudite, il y en a plus qu'en Alberta !

Un autre cliché tenace par rapport au Canada, c'est que les filles ont (comme dit l'expression) «pigé tard dans le sac à faces». Vous connaissez le profil : teint pâle, des taches de rousseur en surnombre et un sourire de cheval... en plus de la culotte. Ne paniquez pas ! Je sais qu'il y a de belles filles, très belles même, malheureusement, elles en sont très conscientes, ce qui les rend pas mal moins sympathiques. Encore là, cette image est une généralisation, puisqu'il y a d'innombrables belles filles partout au Canada. C'est juste un hasard si ce sont souvent des Canadiennes françaises.

Je suis bien conscient que depuis le début de ma chronique, je me paie la gueule des Canadiens plus que je vante leurs mérites. C'est parce que je sais qu'ils ont un sens de l'humour qui leur permet d'en rire. Prenez les Newfies, par exemple. Il faut avoir un sens de l'humour à toute épreuve pour endurer autant de blagues à leur sujet, tout en gardant le sourire. Surtout quand il te manque trois dents en avant, ce qui ne fait que confirmer cette réputation de Newfie !

Comme tu es fort en humour, Canada, tu sais que c'est une blague. Alors, joyeux anniversaire ! J'aime toutes tes facettes et je te souhaite de fêter ça fort le 1er juillet. Comme on dit : «Pète-toé la fiole !» Par contre, quand tu reviendras de ton *party* mercredi soir, laisse tes bas blancs à la porte !

Bilingui$$me

On apprenait cette semaine que la prestation de services publics bilingues au Canada coûterait plus de 2 milliards de dollars par année. Comme c'est exactement le même montant qu'a coûté le registre des armes à feu, j'ai bien peur que Stephen Harper veuille faire comme avec le registre, et élimine la langue française au pays!

D'ailleurs, il agit déjà en conséquence en nommant un juge à la Cour suprême ainsi qu'un vérificateur général unilingues anglophones. D'entrée de jeu, je reconnais que 2 milliards, c'est beaucoup d'argent, même si ce chiffre a été établi par l'institut Fraser, un *think tank* de droite canadien qui n'est pas reconnu pour sa ferveur envers le fait français. Alors quand vient le temps de calculer les coûts du bilinguisme, l'Institut est un peu comme mon oncle Doug à la pêche, il a tendance à exagérer.

De toute façon, le bilinguisme ne se calcule pas uniquement par les coûts d'impression de dépliants en français ou les frais de traduction des derrières de boîtes de céréales. C'est peut-être difficile à saisir pour des esprits cartésiens comme les membres de l'institut Fraser, ou le premier ministre Harper, mais la valeur du bilinguisme est une richesse qui ne se compte pas en argent.

Pourtant, le gouvernement conservateur n'a aucune réticence à dépenser des milliards dans une guerre en Afghanistan qui, au bout du compte, n'a rien rapporté... financièrement parlant. Notre présence là-bas se justifiait plutôt par la défense des «valeurs canadiennes». Si nous sommes prêts à nous battre pour défendre la démocratie, la liberté, l'accès à l'éducation pour les filles à l'autre bout du monde, pourquoi ne serions-nous pas prêts à investir et nous investir pour conserver l'une des valeurs fondamentales de notre propre pays?

Oui, une valeur fondamentale, car le bilinguisme, c'est beaucoup plus qu'une boîte de céréales à deux langues. Une langue, c'est ce qui définit une société, c'est la courroie de transmission de sa littérature, de sa chanson, de son théâtre et, ultimement, le frein à sa disparition. Une fois qu'une langue s'affaiblit, tout le reste suit. On s'inquiète souvent du dernier des Mohicans, on devrait plutôt se préoccuper du premier des dominos.

Il va sans dire que c'est le fait français qui distingue le Canada des États-Unis. Sinon, nos pays sont presque identiques. Et cela s'intensifie avec l'instauration d'un système d'assurance maladie public chez nos voisins du Sud, et de notre côté, l'augmentation du budget militaire. Déjà que les Canadiens consomment la même télévision, le même cinéma, les mêmes chansons et la même bouffe (sauf que là-bas, c'est Dunkin Donuts et ici, c'est Tim). Si ce n'était de l'apport de la communauté francophone, le Canada ne serait qu'un État comme les autres, sauf qu'en Alberta on pratiquerait le curling et en Alabama, le bowling!

Mariage royal

C'est aujourd'hui que le prince William et sa princesse Kate convolent en justes noces. Depuis 4 heures ce matin, les yeux du monde entier (en tout cas, ceux du Commonwealth) sont rivés à leur téléviseur pour suivre la concrétisation de ce conte de fées. Cependant, je connais au moins un Anglo qui ne sera pas de la fête, votre humble serviteur.

Avec mes origines anglo-saxonnes, vous vous attendiez probablement à ce que je prenne congé vendredi, devant ma télé, avec thé et sandwichs aux concombres, les larmes aux yeux, à chanter *God Save the Queen*, et exprimant ma dévotion à la monarchie en allant jusqu'à porter mes *boxers* commémorant le mariage de Charles et lady Diana. Absolument pas, mes origines anglo-saxonnes sont plus précisément irlandaises. Mon grand-père Hall détestait les Anglais à s'en confesser, et comme tout bon Irlandais, il haïssait la monarchie encore plus que l'eau. D'ailleurs, la seule façon pour lui d'arriver à boire de l'eau consistait à y verser deux mesures de whisky.

Alors, non seulement je vais boycotter la télédiffusion du mariage, mais je vais aussi profiter de ma chronique pour critiquer la monarchie. D'entrée de jeu, je concède qu'à une certaine époque la monarchie a pu être un système politique efficace. Quand il n'y a que 3 % de la population qui sait lire, c'est peut-être mieux que ce soit elle qui détienne le pouvoir. Malheureusement, pendant des siècles, ces personnes ont abusé du pouvoir, conservant les richesses et la connaissance entre elles. Cependant, si les paysans ne savaient pas lire, ils savaient très bien compter et ont rapidement compris qu'ils se faisaient avoir quand le roi s'emparait des trois quarts des récoltes, tout en interdisant l'accès à la propriété des terres. Pour paraphraser Shakespeare, on comprend que ce n'était pas seulement au royaume du Danemark qu'il y avait quelque chose de pourri !

Aujourd'hui, on sait que les membres de la monarchie ne sont pas des descendants de Dieu et qu'ils n'ont pas le sang bleu. Ce sont des gens comme vous et moi, évidemment en plus riches après des siècles de vols qu'on qualifiait de tribut à l'époque.

Pourtant, la royauté nous fascine toujours autant. Le battage médiatique entourant le mariage de William et Kate ne fait que renforcer l'image idyllique de la royauté. Cependant, si les mariages royaux étaient si idylliques, les cinq dernières sorties nuptiales du carrosse doré n'auraient pas fini en divorce. Les membres des familles royales ont autant d'aventures extraconjugales, de problèmes de boisson et de drogue, et commettent autant de frasques de jeunesse que n'importe quelle autre vedette internationale. La seule différence consiste à n'avoir aucun talent particulier. Peu importe le nombre de fois que Britney Spears se défonce le foie, elle a de la voix. Mel Gibson nous a prouvé à maintes reprises qu'il est un con fini, mais il n'en demeure pas moins un excellent acteur. Les membres des familles royales sont comme de simples vedettes de téléréalités, sauf qu'ils sont là depuis plus de 500 saisons !

Ma mère (la monarchiste de la famille) y voit plutôt un signe de stabilité. Et quand j'observe nos gouvernements municipal, provincial et fédéral, j'ai tendance à lui donner raison. Pas au point de revenir à la monarchie, mais comme dit maman : « Contrairement aux élections, un mariage royal est plus divertissant, coûte moins cher et se produit moins souvent. »

Ô Kànadâ

Pour célébrer la fête du Canada, je ferai un Raôul Duguay de moi-même et je vanterai mon pays avec ce qui deviendra (je l'espère) une «Chronique nationale[20]».

Le très honorable Jean Chrétien avait raison quand il disait que le Canada était «le plusss meilleur pays du monde». Évidemment, pour l'orthographe et la syntaxe, il était dans l'erreur, mais pour l'essentiel de son propos, il était «en plein milieu du centre»! (Ça me fait toujours plaisir de citer M. Chrétien, car à côté de lui, j'ai l'air d'un membre de l'Académie française.)

L'une des qualités premières de notre beau pays, c'est sa superficie. Avec une population de 34 millions, nous ne sommes que 3,2 habitants au kilomètre carré. On peut y vivre tranquille sans être dérangé par ses voisins. D'ailleurs, dans la plupart des régions du pays, les voisins sont tellement éloignés que lorsque vous empruntez un œuf, à votre arrivée chez vous, vous avez une poule! Tandis qu'au Bangladesh, par exemple, avec une densité de population de 1083 âmes au kilomètre carré, vous n'avez qu'à vous étirer le bras et la poule du voisin vous pond un œuf dans la main. À première vue, cela semble pratique, mais ça signifie que votre voisin demeure dans votre 1 ½... avec sa poule et ses 17 enfants. Alors, vive (et vivre) l'immensité canadienne!

Certains diront que les deux tiers de cette étendue ne sont qu'un amas de glace. Peut-être, mais plus pour très longtemps! Avec le réchauffement climatique, Kuujjuaq et Kangirsuk seront bientôt des stations balnéaires courues pour leurs plages sablonneuses et leurs ours blancs... dans des cages climatisées.

---

20. Répondant à une commande de la Société Saint-Jean-Baptiste de Montréal, Raôul Duguay écrit, en collaboration avec Alain Sauvageau, une chanson, qui, espèrent-ils, deviendra l'hymne national du Québec.

Et c'est sans compter les nombreuses autres ressources naturelles auxquelles le Canada a déjà accès : le bois d'œuvre de la Colombie-Britannique, le pétrole de l'Alberta, le blé des Prairies, la potasse de la Saskatchewan, les fruits et légumes ainsi que le nickel de l'Ontario, les fruits de mer des provinces maritimes et les pommes de terre de l'Île-du-Prince-Édouard. À cela s'ajoutent les innombrables ressources naturelles de notre belle province. Une province qui regorge d'hydro-électricité, de divers minerais, de bleuets, de sirop d'érable et d'hymnes nationaux !

Finalement, pour un pays issu d'une chicane entre Britanniques et Français, on s'en sort assez bien. Tout au long de notre histoire, on a eu une relation plutôt pacifique. Il y a eu quelques accrochages ici et là, mais aucune guerre civile meurtrière. Les seules fois que nous faisons du grabuge, en fracassant des vitrines et en mettant le feu à des voitures de police, c'est quand nous perdons au hockey. Cette fois-ci, c'était à Vancouver, mais n'oubliez pas que l'an dernier, c'était à Montréal. Si on considère que la coupe Stanley est absente du pays depuis 1993, mais que nous avons remporté deux des trois derniers tournois olympiques, force est de constater que nous sommes meilleurs unis en tant que pays qu'individuellement par ville.

C'est pour cela qu'il ne faut pas se séparer du «plusss meilleur pays» qu'est le Canada. J'irai même plus loin que François Legault : le référendum, ce n'est pas dans 10, 30 ou même 50 ans, mais une fois que nous aurons épuisé toutes les ressources naturelles du Canada. À ce moment-là, on fêtera le 1er juillet comme il se doit... en faisant nos boîtes et en déménageant !

Go West, jeune homme !

Toutes les semaines, dans la section «Votre argent» du *Journal*, on nous parle de la vitalité économique de l'Ouest canadien, de comment ça va bien, à quel point ils roulent sur l'or. Bref, si l'argent ne pousse pas dans les arbres, il pousse dans les Prairies canadiennes.

Alors, j'ai décidé d'aller voir par moi-même. Et je dois dire qu'une fois rendu sur place, à Calgary, c'est assez impressionnant! De toute évidence, les Canadiens de l'Ouest ont autant de foin dans leurs champs que dans leurs poches. Tout est neuf, moderne, propre. C'est *BIG*, ça sent l'argent comme matante Gladys sentait le parfum *cheap*. Et ça travaille FORT. Le chômage y est inexistant. D'ailleurs, le problème n'est pas de se trouver un emploi, mais de trouver le temps pour occuper tous les emplois qui sont disponibles!

Toutefois, après 48 heures, le Québec me manque. Pas géographiquement parlant (dans l'Ouest aussi, c'est beau, un peu plat, mais au moins on voit les Rocheuses à l'horizon). Non, le Québec me manque pour les Québécois! Vos sourires, votre joie de vivre, votre sens du *fun*! C'est drôle à dire, mais c'est triste de voir à quel point les gens sont sérieux par ici. Enfin, je comprends la coupe de cheveux de notre premier ministre Stephen Harper. Moi qui pensais que Toronto était plate. Comparé à Calgary, Toronto ressemble à une Cage aux sports de 800 km². Et avec le huard au même niveau que le dollar US, l'Ouest canadien ressemble de plus en plus aux États-Unis. La seule chose qui différencie l'Alberta de l'Alabama, c'est que les Albertains tripent sur le curling au lieu du bowling.

Travail, travail, travail! Tout le monde semble travailler tout le temps. Ça ne niaise pas. Pas d'espresso sur la terrasse en lisant la section «Arts et spectacles» du *Calgary Tribune*. Non, c'est un gros café de Tim Hortons dans une tasse thermos pour le boire en marchant tout en lisant la section «Affaires» du *Globe & Mail*. Le seul temps où ils prennent une pause, c'est au feu rouge. Là, tout le monde respecte l'arrêt imposé. En effet, même s'il n'y a aucun *pick-up* ou moissonneuse-batteuse aux quatre coins de l'intersection, et ce, dans un rayon de cinq kilomètres, absolument *aucun* piéton ne traverse la rue. Je l'ai fait une fois et les gens m'ont jeté un regard assassin comme si j'avais été Stéphane Dion arrivant dans une réunion de son parti.

Pour ce qui est des filles, il y en a probablement des belles, sauf qu'on ne les voit pas! Elles aussi travaillent tout le temps. Habillées en tailleur similaire aux complets de Stephen Harper et avec une coupe de cheveux semblable à celle de Stephen. Visualisez Rona Ambrose. Ben, c'est ça 400 000 fois.

Or, est-ce que j'irais vivre dans l'Ouest dans un beau petit bungalow de 800 000 $ et travailler 78 heures par semaine dans un champ au pied des Rocheuses? Certainement pas, car pour se payer tout ce luxe, il faut travailler comme un fou et emprunter pour le reste. Et je suis de ceux qui croient que le bonheur est dans les prés et non dans les prêts. Alors, l'Ouest canadien, non merci. Je n'irais même pas vivre dans l'ouest de l'île de Montréal.

Votre Québécois errant,
Christopher.

Table des matières

Achevé d'imprimer au Canada
sur les presses de Imprimerie Lebonfon Inc.